너의 삶은 한없이 기구한 것이었다

서러웠고 외로웠으며 지독했고 악착같았다

그리고 당신의 애인

태주

● 1부 ──
내가 당신보다 일찍 먼 길을 떠나도   011

● 2부 ──
새벽과 아침의 가운데서   083

● 3부 ──
언뜻 나를 떠올려 주기를   155

● 끝말 ──
그리고 당신의 애인   218

1부

내가 당신보다 일찍 먼 길을 떠나도

사랑이라는 이름으로 무언가를 저지르는 일은 쉽다.
뒷감당은 둘이서 하게 될 것을 의심하지 않기 때문이다.

말에 **뼈**를 심는 중이다
형체 없이 하느작대며
부풀다 수축하기만을 번복하는 말들에 **뼈**를 심는 중이다
지탱하고 일어서서 네게로 걸어갈 수 있도록
나 대신에 네 가슴에 안길 수 있도록

내가 지칭하는 너는
너이기도 하고
나이기도 하고
너의 나이기도 할 거야

왜 '나'에서 모음 하나만 뒤집으면 '너'가 되는 걸까
사람은 자기랑 닮은 사람을 사랑하게 되기 때문일까

나는 너의 너이고 싶다

내 마음을 전할 수 있는 수단이 고작 혀끝에서 떨어져 나오는 순간부터 아무런 무게도 갖지 못하는 빌어먹을 말이라는 게 가끔씩 내 속을 허하게 만들었다 아침에 입술이 부어오르면 간밤에 너한테 하려다 못한 말들이 그 안에 다 뭉쳐있는 것 같았다 전하지 못한 이유는 가지각색이었는데, 그중에는 '말하고 나면 감당할 수 없을 만큼 네가 좋아져 버릴까 봐'도 있었다

보고 싶다
만지고 싶다
날 자주 우울하게 만들었던 너의 말을 곱씹는다

조금씩 이 서러운 세상에서 나를 지우다가
내가 살았다는 흔적도 없이 사라지고 싶은 밤

책을 보다가 마음에 걸리는 문장들이 있으면 따로 골라 놔
나중에 너한테 읽어주려고

밤이 새도록 서로 아끼는 구절들을 읽어주자
그러면 새벽을 조금 덜 아프게 맞을 수 있을지 몰라

첫사랑 얘기해 주세요
가장 존경했던 사람도 좋아요

뭐가 가장 좋았는지, 어떤 점을 가장 사랑했는지

사람 얘기 들을 때 저랑 비교하는 거 좋아해요
벌써 수많은 저를 사랑해오셨군요

네게 있어 내 자리는 그다지 크지 않을 테지만
나도 곧 비좁은 그 자리가 익숙해지리라는 것을 안다

가끔씩 내 세상 전부 같은
내가 없으면 사라질
나로 연명하는 유일한 공간

나는 그걸 깨닫고 나면 꼭 울어서
그러면 너도 같이 슬플까 봐 입술을 깨물고 울음을 참는다

가상한 건 네가 아니라 내 사랑이라는 걸
너를 떠나야만 증명할 수 있다는 사실이 얼마나 비참한지

시간이 지날수록 느는 것은 스스로를 다독이는 일뿐이었다
그렇게 겨우 울지 않게 될 때쯤에는
늘 혼자였다

내일은 아침 일찍부터 꾸며 입고
네가 좋아하는 것들만 고른 꽃다발을 한 아름 안아서 갈게
세 번 노크하면
나를 너의 일상에 들여보내 줘

제 자리에 잘 있는 머리카락을 굳이 손 한 번 더 뻗어서 만지고 싶었던 건, 대칭이 맞는 가방끈을 굳이 더 조여 주고 싶었던 건, 양손에 여유가 있는데도 물건을 들어주겠다고 했던 건, 너 혼자 할 수 있는 게 빤히 보이는데도 미련하고 속보이게 굴었던 건…….

 나보다 네가 그 이유를 더 잘 알 것 같아서 나는 굳이 말로 쓸 필요를 못 느낀다. 앞으로도 계속 그렇게 알면서도 모르는 척 챙겨주면 챙겨주는 대로 내 장단이나 맞춰줬으면 좋겠다.

압정을 뒤집어놓은 것 같은 말만 하는 내가 아직도 예뻐 보일지 궁금해 자꾸 시험해보고 싶고 괴롭히고 싶고 울기 직전까지 몰아붙여 놓고 어떤 얼굴을 하는지 지켜보고 싶어 그러다 네가 더는 못 해 먹겠으니 전부 때려치우겠다고 제 화를 못 이겨서 길길이 날뛰는 걸 지켜보는 것도 재밌을 것 같아

 이래도 내가 좋을 것 같아? 내가 가진 걸 다 부숴버리고 싶을 만큼 미워도 나를 사랑한다고 말할 수 있겠어?

 야 너무 귀엽다 지금 그 표정 다시 한 번만 더 해봐

이 우주에 나보다 너를 잘 아는 사람은 아마 없을 거야
맞지?
너무 곰곰이 생각하지 말고 그냥 그렇다고 해줘
네 주변에 너를 더하면 너무 황홀해서
내게는 그것만으로도 우주나 다름없는 걸

처음 누군가를 만날 때 좋은 인상을 주고 싶으면 꽃을 선물하라는 말을 들었어요. 그 말을 듣고 나서 저는 덜컥 겁이 났습니다. 그렇게 성마르게 만들어진 인상으로 누군가에게 선뜻 좋은 사람이 되어도 괜찮은 걸까요.

저는 안목이 없는 편이지만, 그래도 당신을 생각하면서 고를 수 있는 꽃 정도는 있어요. 당신이 섣부르게 나를 좋은 사람이라고 착각해서, 우리가 걸음을 나란히 하는 동안 실컷 실망과 후회만 하고 눈물을 쏟게 된다고 하더라도 한철 사랑받고 싶다는 생각은 너무 이기적인가요.

제가 꽃을 선물하면 잘 말려서 보관해주세요,
두고두고 제 생각이 나도록.
딱 거기까지만 욕심낼게요.

내가 너를 생각하는 만큼만 너도 나를 생각했으면 좋겠어
그럼 좀 덜 서러울 텐데

내가 요즘 제시간에 꼬박꼬박 잠자리에 드는 까닭은
꿈으로 찾아가겠다는 약속을 지키기 위해서야
잠버릇이 나쁜 너를 찾아가서
턱 밑까지 이불을 끌어올려주기 위해서야

잠든 애인의 잠자리를 봐주는 일은
행여 남한테 떠넘기거나 미룰 수도 없어서
나이를 먹을 만큼 먹은 지금도 매일 아침이 힘겨운가 봐

내일 오후에 만나
잠투정을 실컷 하고 같이 잠자리에 들자

나는 눈치가 너무 빨라서 문제야

우물쭈물하는 몸짓이나 많이 생각해봤다는 말만 들어도 벌써 무슨 말을 하려고 하는지 확신이 들어서, 어떤 그럴싸한 고백을 들어도 감동하지를 않아

변명치고는 너무 거만해도 어쩔 수가 없는 걸 어떡해

이런 나도 좋아서 너는 지금 어쩔 줄 모르고 있잖아

죄송할 것도 없지만
아직도 가끔 생각지도 못하게 미워지는 것 같아요
이해하실 거라 믿어요
내가 아무리 좆같이 굴어도 나 미워하지 못하는 사람들만 곁에 둔다는 말에 고개 끄덕여주셨잖아요

저는 당신이 쓴 글을 본 적도 없는데
제 글은 이미 당신의 영향을 너무 많이 받은 것 같아요

원래 사랑하면 다 이래요?
이게 다 당신이 너무 좋았던 탓이라고 말하면 조금이라도 미안한 표정을 지어줄 건가요?
울상인 얼굴을 기대해도 될까요?

뭐든 쉽게 질려하는 너를 위해
나는 같은 소식들을 다르게 전하는 것에 능숙해야 하고
네가 좋아할 만한 것들을 세심히 골라내는 일에 특출해야해

너를 사랑하기 위해서 소질 없는 것들을 하고 있으려니까
요즘 들어 부쩍 너를 사랑하는 일이 힘에 부치는 거 있지

내가 사소한 일처럼 너에게 쏟아놓던 모든 말들이
사실은 전부 사랑의 변주였는데
너는 그것만으로는 안 되었던 거지

나는 목이 빠져라 당신이 나와 눈이 마주치기만을 기다리고 있었는데
 정각이 되자마자 자리를 정돈하고 나가는 모습이 어떻게 그렇게 매정할 수 있어요

 낯빛만 보고도 내 마음을 너무 잘 아는 당신은
 당신이 가지고 있는 작고 미미한 것들이
 내게는 자연재해만큼이나 크다는 걸 알고 있는 거죠
 그런 내 마음을 쥐고 흔드는 게 너무 재미있는 거죠

 어쩔 수 없는 게 있다고 생각해요
 당신과 나 사이에 말이에요
 당신이 그렇게 매정하게 굴어도
 나는 당신 근처를 알짱댈 수밖에 없잖아요

 그러니까 이제는 저를 그만 울려주세요
 좀 더 소중하게 여겨달라는 말이에요
 충분히 사랑해주실 수 있잖아요

그냥 속이 상하는 거야
네가 이런 말을 내게 하는 건 내가 처음이라고 말할 때마다
어떻게 그동안 아무도 몰랐을 수 있을까 싶은 거야

사랑한다는 건 어쩌면 애인의 가장 사랑스러운 구석들을 발견해내는
일인지도 모르지

애인 자랑 좀 해줘
속눈썹이 길다, 손이 예쁘다 같은 거 말고
몸이 예쁘다, 섹스를 잘한다 같은 거 말고
아니, 야 내가 그런 거 말고라고 했잖아
좀 결정적이고 확 와 닿는 것들을 말해봐 자랑할 게 그것밖에 없어?
사랑할 때 중요한 게 그게 다야?

야, 아무래도 나는 좀 더 근본적인 문제가 있는 것 같아
 네가 주저리주저리 떠들고 있는 것들이 다 해당사항 없음이라고 그래도 걔가 너무 좋아서 정신 못 차릴 것 같아 아니 야 나한테는 이게 진짜 큰일인데 너 자꾸 비웃고 그럴래? 야 이씨 쪽팔려 짜증나 하여간에 진짜 못돼 처먹은 놈이야 저거 너한테 말을 하는 게 아니었는데
 너 이거 가지고 나 놀리면 진짜 죽어

안아주고 재워주고 쓰다듬어주고 싶어
그러면
남한테 빚지고는 못 사는 너도 나한테 똑같이 해줄 테니까

내가 유독 좋겠다는 말을 많이 하는 까닭은
너를 좋아한다는 말이 자주 하고 싶어서야
다 알면서도 모르는 척 하는 네가 너무 밉다

아무 때나 불러줘
소란 피우지 않을게
얌전히 네 무릎에 앉아서 주는 대로 잘 받아먹는 나잖아
지금 너 괜히 쑥스러워서 그러는 거잖아

나는 다 알아

사람을 구원으로 삼지 않는 너는
내 사랑이 필요가 없지

그래도 일단 받아둬
무슨 쓸모가 있을지 모르잖아

가령 우산이 없는데 갑자기 비가 내린다거나
너무 힘든데 옆에 있어 달라고 할 사람이 하나도 없다거나
누구 뒷담화를 하고 싶은데 주변 사람들이 다 그 누구랑 친하다거나
하여튼 그럴 때

그렇게 너도 어느 날 갑자기 내가 필요해질지 모르는 거잖아

함께 잠자리에 들어도 같은 꿈을 꿀 수는 없고
나는 다 알면서도 너를 자꾸 내 옆으로 끌어다 놓고
너는 벗어나려 몸을 비틀고
그런 너를 달래며 억지로 잠을 청하고
오늘이 어제가 될 때까지 아무런 꿈도 꾸지 못하고

이제 그만 일어나서 나 좀 계속 봐줘
내 이야기를 들어주고 또 네가 아는 이야기를 많이 해줘

오늘은 실감이 지나친 꿈을 꿨으면 좋겠어

네가 어디에 어떤 모습으로 있든 나는 그걸 알아볼 수 있을 것 같아서 늘 어딘가가 조금씩은 서글펐다. 네가 도망치고 싶으면 어쩌지, 가까스로 도망친 너를 무심코 발견해버리면 어쩌지.

네 몸이 내가 손을 짚으면 잡히는 자리에 있었으면 좋겠다.

내가 너를 만질 때마다 느꼈던 감정은 사실 애틋함과는 거리가 멀었다. 비좁은 품에 어떻게든 너를 가두고 싶었던 건, 꼴에 배려랍시고 눈과 귀를 슬며시 가려주고 싶었던 건, 사실과 얼마나 닮아있는지를 떠나서 내가 하는 말만 믿게 만들고 싶었던 건, 여린 네가 의지할 구석이 나 하나뿐이었으면 했던 건, 그래서 네가 더 고립되길 바랐던 건, 그래. 애틋하다고 하면 벌 받지.

내가 그리는 미래에는 언제나 네가 없었다.
네가 먼저 떠날 것 같기도, 내가 먼저 떠나보낼 것 같기도 했다.

고이면 썩는 건 사랑도 마찬가지일까.
왜 내 주변에는 꾸준히 사랑만 하는 사람이 없을까.
사랑은 돈으로 환전할 수 없어서 그런 걸까.
하긴 사랑이 있는 곳에 돈도 따라갔으면 마음이 가난해서 죽어버린 백만장자도 없었겠지.

사랑은 병이야.
무엇 하나 혼자 할 수 없을 것 같고, 마음이 둥둥 뜨는 걸 달래려고 팔뚝을 문지르느라 일이 손에 안 잡히고, 뭐 하나 잘못되면 다 망가지기 일보 직전인 것 같은 게 꼭 몸살 나기 전에 골골대는 거랑 똑같잖아.

그러니까 약을 지어줘.
아직은 심하지 않아서 뽀뽀 한 번이면 될 것 같아.

사실 나는 미온적인 말들에 소질이 없는데
그런 걸 보면 떠도는 소문만큼 착한 것 같지도 않고
마음만 먹으면 밑도 끝도 없이 편협해지고
푹푹 쑤시는 말만 지껄이고
나 좋을 대로 살고 미워하고
미움 받으며 사는 사람이 될 수도 있었는데

사랑하는 너에게
차가운 사람이라는 말을 듣고 눈물이 났던 이유는
그렇게 살고 싶지 않았기 때문일까
아니면 내가 그만큼 단단하지 못했기 때문일까

하필이면 이 무겁고 서러운 우주에서 너를 만나서, 내가 눈을 떠보니까 줄곧 내 곁에 있었다고 생각했던 게 없어 떠올려보면 너도 나에게 그 정도의 의미였던 게 아닐까 싶어 잠을 설치는 밤 새벽이 되어서야 간신히 꾸는 얕은 꿈같은 거

나도 너에게 그럴까 너도 잠에서 깨면 혼자일까

나는 너랑 나 사이에 무관심이나 결핍 같은 걸 키우고 싶어 없으면 살 수 없도록 절절하고 애틋한 감정들을 배양토 삼아 막상 같이 살 맞대고 있으면 별생각 안 드는 그런 거 네 숨이 얕은지 깊은지 속눈썹이 긴지 짧은지 같은 것들만 보게 되는 그런 거

네 생각을 너무 오래 했더니
보고 싶다고 말하면 그냥 네가 와줄 것 같아

가끔 허공에 대고 네 이름을 불러보는데 아무 일도 없어
그럴 때마다 조금 슬퍼

엊그저께부터는
반찬을 통째 내미는 사이가 되었다
날이 조금 더워질라치면 기승을 부리는 날파리 떼처럼
설거지가 쌓이는 게 무성의보다 더 걱정되기 시작하는 사이

우리가 바라보는 새로운 목적지는
차려주지 않아도 꺼내먹을 수 있는 사이
함부로 손을 넣어 헤집는 짓거리도
눈을 반쯤 감으면 용서되는 사이
스스로를 굶어 죽지 않게 돌보기로 한 만큼
서로에게 소홀해지는 것도 나쁘지 않은 사이

내가 고등어 발라줄까 고등어 먹을래?

엇갈려서 부딪히는 젓가락질이
불쾌하거나 못마땅하지 않은 사이

너랑 나는 아는 사이라고 말하기도 부끄러울 정도지만 어떻게든 말을 붙일 핑계 같은 것들을 만들 수 있다는 게 어쩌면 더 중요했다

 한참을 고민하다가 있잖아요, 하며 운을 뗐던 그 날 밤처럼
 수화기 너머로 네 목소리가 들릴 줄은 꿈에도 몰랐다는 듯
 이게 다 손가락이 멋대로 저지른 실수라는 듯
 시시때때로 헛기침이 터지는 게, 자꾸 혀끝이 말리는 게 환절기면 찾아오는 불친절한 알러지 때문이라는 듯

 날이 좋다
 그러니까 너도 날 좋아해 줘

함부로 사랑한다는 말을 꺼내도 될지 자신이 없어서 대신할 수 있는 다른 말을 찾아 골몰하던 시간을 나는 아무도 모르게 혀 밑이나 입 안쪽 같은 여린 살에 새겼다.

좋아한다, 사랑한다, 너무 예뻐서 죽고 싶다…….
너는 어떻게 그런 말 입에 침도 안 바르고 잘 하니.

나란히 마주 앉아 사랑하느냐는 질문을 받은 나는 목이 타서 계속 물을 찾았고, 넌 그날 속이 까맣게 탔겠지. 그런데 나는 아직도 내가 너를 사랑한다고 말해도 될지 모르겠어.

맞아, 사실 난 사랑에 대해서라면 아는 게 없어.

얘깃거리가 떨어지면 노래를 부르자
사랑 노래가 좋을 것 같아
번갈아 가면서 한 소절씩 부르자
주파수가 다른 대화 같을 거야

무턱대고 뚜껑을 열다가 본드를 쏟은 것도
우여곡절 설명하며 발간 손바닥 사진을 보여주는 것도
손바닥에 말라붙은 희끗한 본드 자국도
아프지는 않은데 슬프다며 우는 소리 하는 것도

귀여울 게 아닌 것들마저 마냥 귀여워 보이니까
내가 도무지 할 말이 없잖아
너는 나를 난치하게 만들려고 나타났지?
그래서 내 앞에서 그렇게 말갛게 웃는 거지?

어제는 미안하다는 말이 잘 안 나왔는데 오늘은 보고 싶었단 말이 잘 나오지 않아서 괜한 계절 탓을 하고 고개를 수그렸다. 당신의 이해한다는 얼굴을 보면 조금 덜 더울 것도 같은데……. 하면서.

우리는 이제 다 알면서 되묻는 건 그만하기로 하고
그 대신 무구한 웃음을 짓기로 했지만
그래도 미지근하고 예쁘장한 말들은 꼭 몇 번이라도 더 듣고 싶어서 잔꾀를 부려요.

"저는 우리 손만 잡아도 귓바퀴가 홧홧해서 제대로 들을 수 있는 게 없어요.
그러니까 다시 한 번 말해주면 안 돼요?"

그냥 스치고 만 인연이라기에는 우리 너무 깊이 얽혔었죠
그렇다고 모든 걸 다 내걸 만큼 죽고 못 사는 사이는 아니었지만요

제가 아쉬운 것도 당연해요
가장 보고 싶었던 모습들을 하나도 못 봤거든요
저한테 약한 모습 같은 거 처음부터 보여주실 생각 없었죠?
사랑하게 두지 말아달라는 말에 코웃음이나 치고 그러셨잖아요

저한테 한 번만 더 빈틈을 보여 주세요
누구보다 깊이 파고들게요

머리가 너무 아파서 턱까지 욱신거릴 때, 진통제를 허용치보다 세 알 더 씹어 먹었을 때, 알약은 부숴 먹는 게 아니라는 말을 들었을 때……. 언제 가장 비참하고 삶이 팍팍하다고 느꼈는지 분간이 잘 안 돼. 잠이나 더 잘 걸 그랬나 봐.

가끔 몸이 아플 때 그리고 그걸 미련하게 참기만 하고 있을 때 내가 일찍 죽으면 어쩌지 더 손쓸 수 없는 상태가 되면 어쩌지 하는 걱정을 하고 슬퍼할 사람들을 헤아려보는 청승을 떨고 그런다.

내가 죽을 걸 생각하는 건 괜찮은데, 네가 밤늦게 안부 전할 곳 하나 없이 외로워할 걸 생각하면 너무 슬픈 거 있지

나랑은 약속 같은 거 하지 말자.
못 지켰을 때 할 수 있는 변명이 없을 것 같아.

배려는 어쩌면
가장 마음에도 없는 말을 하는 것

'얼른 갈게'라는 말에는
'천천히 오세요'라고 대답한다

가장 가볍고 정중한 명령은 대체로
지켜지지 않았으면 하는 마음을 한 꺼풀 덮고 있다

이상하지 않나요

'어서 오세요'라는 말은 왜
얼굴을 마주하지 않고는 하기가 어려울까요

근처에 오시면 말씀해주세요
마중하러 나갈게요

작년 이맘때는 너를 사랑하지 않기 위해 골몰하고 있었지.
그게 잘 안 될 거라는 것도 알고 있었고.

우리가 함께 나눌 수 있는 건 한번 제대로 잡아보지도 못했던 서로의 손바닥 안에서 다 해결할 수 있는 것들이었고 나는 그게 너무 자존심이 상해서 편지를 쓰고 싶었어. 고심해서 사 들고 온 편지지를 세 장인가 다섯 장 찢어버리고 나서야 내 진심을 최대한 둥글려서 적을 수 있었고 너는 내가 모르는 곳에서 여전히 서툰 데가 많았던 편지를 읽었겠지. 나는 이제 그 편지의 내용을 기억할 수도 재현할 수도 없지만, 아직도 네가 그 편지지를 간직하고 있어줬으면 좋겠어. 우리가 서로에게 가장 의지했을 때처럼, 여전히 도망치고 싶은 사람들로부터 도망칠 수 없는 것들만 받아서 돌아오는 내가 기대하지도 않았던 너의 답장을 종종 꺼내 읽어보듯이.

답장에 답장을 쓴다는 말은 들어본 적이 없어. 그래서 속으로만 쓰고 수십 번 잊는 중이야.

아주 최근에야 제가 꽤 쉽게 상처받고 슬퍼하는 존재라는 걸 깨달았어요 이제 와서 고백해봐야 무슨 소용이 있겠냐만 부디 알아두시라고요 이걸 꼭 제 입으로 말해야 하나 싶긴 한데 다음에 저 만나면 너무 나무라지만 마시고 좀 안아도 주세요 제가 사랑하는 거 누구보다 잘 아시잖아요

그렇게 아등바등 아는 척하면서 지내왔는데 사실 모르겠어요 실컷 어려운 척 해놓고 사실은 그게 그거인 거예요 실망해도 어쩔 수 없어요 이게 나인 걸요 당신 앞에서는 모든 걸 다 알고 이해하고 알아듣는 것처럼 굴려고 숨이 찰 만큼 발버둥을 치는데 그래도 꼭 서툴러서 슬퍼요

저는 이제 막 당신이 매일 밤 되뇌는 말들의 반 정도를 이해할 수 있게 된 것 같아요
기꺼워해 주세요

저는 망했어요 이미 알고 계셨을 것 같지만 그래도 한 번 더 얘기하면 더 잘 기억해주실 것 같아서요 이렇게 연락할 핑계가 필요했어요 그러니까 시간 날 때 전화 주세요 그때 좋아한다, 사랑한다, 보고 싶다는 말만 빼고 하고 싶었던 말 전부 할 거예요 하긴 그 셋 빼면 할 말도 없을 것 같긴 한데요…….

 그때 깜빡하고 벗어놓고 가신 옷은 제가 빨아 입고 있어요
 커다란 옷을 입으면 이따금 커다란 누군가가 맨살의 나를 껴안아 주는 것 같다는 생각을 해요
 앞으로도 자주 깜빡해주세요

 저는요
 내 차례에 못 올 사랑[1] 같은 건 없다고 생각하고 있어요, 아직도

---

[1] 이상, 금홍에게 보내는 편지 중 일부분 인용. 「…내 차례에 평생 못 올 사람인 줄 알면서도/나 혼자서는 꾸준히 생각하리라/자 그러면 어여쁜 그대는 내내 어여쁘소서」

내가 오늘은 몇 시에 잘 거냐고 물었던 건 나랑 더 오래 깨어있자고 널 꼬시는 말이었어
그럴 때마다 나는 늦게 잘 거라고 너는 언제 잘 거냐고 묻는 네가 얼마나 귀여운지 모르지

너는 뭘 해도 실패해도 돼
싸가지 없고 고집만 세고 할 수 있는 게 그것밖에 없어도 사랑스러우니까
콩깍지가 제대로 씌어서, 꾀죄죄한 네 슬픔까지도 마냥 다 예쁘게만 보이니까

실컷 가지고 놀아
내가 이렇게 너를 사랑하겠다잖아

너를 생각하다 보면 시곗바늘이 훅훅 지나간다

내 머릿속에서 시간을 잘 차려 먹은 너는
벌써 빈 그릇을 밀어내고 물을 한 컵 마시고
귀엽게 뻗친 머리끝을 만지작거리고 있다
하여튼 무서워 죽겠어
볼수록 예뻐서 죽겠어

인정하기 싫어서 모르는 척하고 있지만
우리 사이에서 죽을 것 같은 건 항상 나였다
너무 사랑해서
너무 보고 싶어서
네가 불러주는 노래가 한결같이 아름다워서
너와 함께 맞는 아침이
무심하게 커튼을 여미는 손길이
너무 서러워서

매번 내 숨소리에 묻히는 너의 비명을 알고 있어
우리는 죽고 나서야 한없이 투명해질 수 있을 것 같아
너는 나와 함께 죽어주려고 태어났지?

언젠가 당신이 곁에 없었을 때,
당신을 만질 수 없어서 많이 슬펐어.

처음부터 이렇게 지독하게 당신을 사랑하려던 게 아니었는데.
사랑하는 내가, 사랑받는 당신이 조금 궁금했던 것뿐인데
결국 이렇게 되어버렸지.
전부 당신 탓을 하기에 당신은 너무도 순진하고
나는 그 곱절로 교활하지.
뜻처럼 사랑만 하기에는 상황이 나빴는지도 모르겠어.

얼른 자고 일어나면 당신이 오는 모습을 볼 수 있는 집에서 살고 싶어.
당신 잠이 매일 내 허벅다리 위나 내 옆자리 같은 데서 깼으면 좋겠어.

내가 안 그러는 것 같아도 당신 생각 많이 해요.

내가 한동안 오래 붙잡고 있었던 책 몇 권 있잖아. 갑자기 사람 머리 달린 개가 나와서 내키는 대로 짖고, 한 달에 한 번 뜨는 달이 나약한 마음을 흔들고, 사람 머리 달린 사람들이 시도 때도 없이 섹스하면서 자기 하고 싶은 말만 하는. 책을 덮고 나면 은은한 새벽 냄새가 나는 것 같아서 어디까지가 사실이고 어디까지가 소설인지 잘 모르겠다고 했던. 네가 대신 읽어주면서 말도 안 된다고 중얼거렸던.

언젠가 너무 좋아하는 사람이 생기면 나도 그 책에 나오는 사람들처럼 살고 싶다고 생각했어. 설령 불완전하게 사랑해서 불행해질 수밖에 없었던 그 남자처럼 되더라도 마음껏 짖고, 키스하고, 하루 종일 서로 하고 싶은 말만 하다가 어디까지 말했는지 기어이 나지 않는다고 깔깔 웃으면서 넘겨 보고 싶었어. 다 까진 무릎을 끌어안고 사랑한다고 말하면 왠지 모르게 네가 말도 안 된다고 대답할 것 같았어.

보드게임의 함정에 제 발로 걸어 들어가는 것처럼 사랑한다는 말로만 무마시킬 수 있는 맥락과 순간들에 우리를 데려갈 수 있었으면 좋겠어. 분명 그래야만 감당할 수 있는 사건들을 아무런 준비도 없이 맞닥뜨릴 우리들이 너무 걱정되니까.

너는 매사에 다 괜찮을 거라고 하지만 이건 괜찮다고 말하면 정말 괜찮아지는 일들과는 별개의 일인 것 같아. 얌전히 다음 한 판을 쉴지, 고집을 피워서라도 한 번 더 주사위를 굴릴지 결정하는 건 언제나 나였잖아.

잘 가라는 말은 너무 오랜 안녕을 기원해주는 것 같아서 함부로 입에 못 담을 말이 되었다. 주섬주섬 옷을 주워 입는 소리에 잠이 깨면 죽어도 나오지 않는 잘 가라는 말 대신 넘어지니까 신발 꺾어 신지 말라는 투정으로 속을 달랬다. 갑자기 비가 오면 신발장 옆에 우산 세워뒀다는 말이 그렇게 입에서 떨어지지를 않아서 네 이마를 어떻게든 비에 적시고 나서야 직성이 풀렸다.

나는 내가 어떻게 해야 슬퍼지는지 너무 모르고 있었고, 이름 석 자를 고스란히 말하면 심장 한쪽이 간질간질한 게 퍽 하고 터져버릴 것 같아서.

사랑하는 동안 살아있기 위해,
우리는 언제나 어느 정도의 생략이 필요했다.

괜찮아, 슬퍼하지 않아도 돼.
네가 서운한 게 없다면 나는 그걸로 됐어.
나도 잘 모르는 나를 네가 그렇게 필사적으로 이해 할 필요는 없어.

내 변화가 당신에게만 조금 더 잘 보이기를 바라
아무도 눈치채지 못한 차이를
당신이 가장 먼저 발견해줬으면 해

말하지 않아도 안다는 말을 좋아해. 내가 말에 서툴러서 항상 너를 만나면 꼭 말하고 싶었던 만큼의 절반도 다 못 전하고 그랬거든. 그래서 할 수 있는 거라고는 네가 눈치가 빨라서 내 속에 묶여있는 말들을 다 눈치채고 있거나, 우리가 눈이 마주칠 때마다 내 마음이 너한테 전달되기를 바라는 거 밖에 없었어. 그쯤엔 아무리 길을 돌아가도 매일 너를 마주치는 게 이상하다는 생각도 못 하고, 그게 네가 매일 우리 집 길목에서 나를 기다렸던 건 줄도 모르고, 집에 걸어 들어갈 때마다 미처 못한 말만 자꾸 생각나는 게 너무 아쉬워서 눈물이 찔끔 나려는 거 참느라 혼났어……. 아, 내 입으로 말하려니까 창피해 죽겠다.

 나 이렇게 앞뒤 분별없이 기를 쓰고 사랑한다는 말을 해보는 것도 처음이야. 곤란한 표정 짓지 마. 처음이라는 말로 부담 주려는 거 아니야……. 그냥, 이제부터 너는 내가 다 마지막이라고 해주면 돼. 더 이상 의미 부여할 수 없는 처음 같은 건 하나도 중요하지 않으니까.

한때는 너무 좋아하면 너무 싫어해도 될 줄 알았다.
그만큼 대단하고 단단한 것들로 엮여있다고 믿어 의심치 않았거든.
그게 자만이었다는 걸 가르쳐주지 않았잖아.

항상 나보다 열 걸음 앞에서 가면서
앞에 뭐가 있는지 절대 가르쳐주지 않고 직접 겪어보라고 하지.
나는 아직도 네가 제일 어려워.

나는 조금씩 겁이 나.
지금처럼 앞으로도 너의 심연을 물어볼 엄두가 안 날까 봐.
알아듣는 척만 열심히 할 줄 아는 모습이 안타까운 제자처럼,
네가 무슨 말을 하든 고개만 끄덕이며 늙어가게 될까 봐.
그게 가장 겁이 나.

나도 알아 나 하나 없어진다고 당신의 삶이 끝장난다거나 당신이 내 뒤를 쫓겠다고 지랄하지 않는다는 거 여차하면 서로의 기일을 잊지 않고 기억해서 꽃 한 송이 사는 것도 과해지는 사이라는 거 우리가 언제부터 그렇게 애틋했다고 이런 낯간지러운 소리나 하고 앉아있냐 하면서 그을 수 있는 선은 다 긋고 세울 수 있는 벽은 다 세운 사이라는 거

그래도 나는 당신보다 오래 살아야지 당신이 죽은 사이에 별 볼 일 없었던 우리 사이를 잔뜩 과장해놓아야지 속셈은 무슨 내가 없는 당신이 나랑 하던 짓을 남이랑 또 할 거라는데 배알이 꼴리고 속이 뒤집혀서 먼저 죽을 수가 있어야지 비겁하다고 그러지 마 싫으면 나보다 오래 살든지

그러지 말고 내년에는 나랑 담배 좀 줄일까

너한테만큼은 늘 정성을 쏟고 싶어서
네 앞에 서면 습관처럼 어려운 말을 찾고 있었어
그때 네가 바랐던 건 쉬운 말 몇 마디로 충분할 것들이었을 텐데

어쩌다가 이런 생각을 했어
있잖아, 하고 말을 꺼낸 다음
정작 아무 말도 못 하게 되는 건
다른 무엇도 아니고 그냥 그 말에 깃들어 있는
어떤 못돼먹은 힘 때문이 아닐까 하는 생각

누군가에게 뭔가를 간절히 바라고 기다리다 보면
어느 순간 이루어지는 때가 있잖아
가령 상대가 나랑 눈이 마주쳤으면 좋겠다든가, 그런 것도
이런 어처구니없는 힘들 중 하나가 아닐까 하는 생각

그렇게 웃을까 봐 말 안 하려고 했는데
사실 이렇게라도 변명거리를 만들고 싶었어
그래야 네 멀건 얼굴에 정신이 팔려서 하려던 말을 잊어버려도 부끄럽지 않을 수 있으니까

지금까지 전부 실없는 농담 따먹기였다고 마무리한 편지에 늘 투명한 진심만 빼곡하게 적어 보내고 저 나름의 최선이었다고 주워섬기는 버릇은 아직도 못 고쳤다

너는 내가 무슨 말만 하면 또 아니라고 하겠지만
어쨌거나 나는 빈말 같은 거 못해
그러니까 내가 정말 사랑한다고 할 때 많이 들어둬

내가 열망하고 사랑하는 너의 상처.
그곳에 네 신체의 모든 열熱이 몰려 있어서 네 손발이 그렇게 찬 걸까 생각했다.

웃기지, 나 하나도 제대로 건사하지 못하면서 너를 구해주고 싶다는 생각이 들어.
예쁜 너는 예쁜 만큼 참 걱정되는 일만 골라서 하는구나.

미인은 요절한다는 말을 주워들어서,
하는 수 없이 너를 생각하고 있다는 식의 핑계.

"네가 외로울 게 신경이 쓰여, 자꾸."

내가 네 글씨를 따라 쓰다가 손이 아파져서 말하면
너는 내 손을 주물러주면서 사랑한다는 말을 해달라고 했지.

네 앞에서는 입을 꼭 다물어야만 한다
조금이라도 방심하면 사랑한다는 말이 그대로 쏟아져 나올 것만 같아서
끊어져서 그 사이에 더 이상 아무 것도 없는 것 같아 보여도
자세히 보면 미세한 날실들이 끈질기게 엉겨 있을 것을 알아서

꼭 죽을 것 같아야 사랑일까요
나는 널 보면 어떻게든 살고 싶어지던데
너는 정말 서른다섯에 죽을 거니
같이 죽자는 말은 이제 시시해 할 것 같고
기왕이면 너보다 일주일만 늦게 죽고 싶어
니을 동안 밤낮없이 울고
사흘 동안 우리 지난 시간을 정리할 수 있도록

네 이름을 부르고 나면 짠 내가 훅 끼쳤다.

어떤 애달픈 책을 읽고 각별한 영화를 보더라도 그럴 일이 없었는데, 너를 마주하면 나는 곧잘 울게 되지.
세상 어떤 슬프고 가엾은 것보다도 네가 더 극적인 모양이다.

네 앞에서 속절없이 무너지는 나를 견디기 힘들다.

오래전 네가 알려준 노래가 어떤 의미를 가지고 있는지는 몰라도, 수십 번 읽었지만 해석할 수 없는 가사를 눈으로 훑기만 해도 왈칵 눈물이 쏟아질 것 같다는 건 너무 잘 알겠다.

작게 들썩이며 흐느끼는 어깨를 외면하는 일
치렁치렁한 머리칼을 비집고
아무렇지도 않게 보이는 너의 희멀건 목덜미를 찾아내
얼굴을 묻는 일
너무 서툴러서 눈물이 나오는
사랑과는 정반대 종류의 일

죽고 싶다고 말할 수가 없어서 그랬겠지
내가 더 죽고 싶어 할까 봐

손가락 사이로 금방 흘러나가지 못하고 엉키는 머리카락을
밤새 풀어주다가 잠들고 싶다
연약한 애인의 숨결이 끊어지지 않고
내 귓가에 머무른다는 사실에 은밀한 감동을 받을 텐데
죽고 싶을 만큼 사랑할 수 있을 텐데

나 죽을 때 손 잡아줘
이불도 덮어주고 머리도 한 번만 쓸어넘겨 줘
질질 짜는 얼굴 보기 싫은데
혹시라도 감정이 북받치면 우는 건 나 죽고 나서 해줘

언젠가의 너는 내 죽겠단 소리에
다시 한 번만 그런 소리를 지껄이면 영원히 저주해버릴 거라고 했다
그때 네가 쏟아놓듯 죽지 마 했던 세
나는 계속 피부 아래 방치된 작은 유리 조각처럼 따끔거리고 아팠다

아주 멀리 가버려서
이제 사진 없이는 얼굴도 제대로 떠올릴 수도 없다는 점에서
너는 멋대로 죽어버린 사람들과 많이 닮았지
시퍼렇게 살아있는 사람을 그런 취급해서 미안해
이렇게라도 가슴에 묻지 않으면 너무 많이 사랑해버릴 까봐 그래

멀고 어렵고 슬프고 안타까운 너를 어쩌면 좋을까, 하고
질 나쁜 고민을 하는 것은 언제나 아프기 이전에 부끄러운 일이었다

사랑해
내가 나인 걸 포기할 수 있을 만큼
생각해보면 나는 항상 해로운 것들만 고집해왔지
너도 그중 하나이고

우리 한창 사랑했을 때
네가 괴로워하고 발악하는 게 너무 예쁘고 귀여워서
손 한번 뻗어주기가 그렇게 싫더라

아플 때마다 죽고 싶을 때마다 내 생각 했으면 좋겠어
자주, 그리고 오래 날 생각하게 될 테니까

너무 긴밀한 악의를 마주한 것 같은, 그런 눈으로 보지 마
나를 너무 좋아했던 건 너였으면서
나는 네가 벌벌 떨며 사랑했던 사람이야
너는 나랑 같이 지옥에 가줄 거지

가끔 널 상대로 잔뜩 벼려져서 서로를 후벼 파거나 짓쳐대는 말을 하고 싶단 생각을 해
그러고 나면 심장이 뻐근하고 눈 앞머리가 화끈거려

기다려 달라는 말 보다 가고 싶으면 언제든 가라는 말이 늘 배는 수월하고 그 곱절만큼 자주 탈이 나지

기껏 걸어 잠가 봤지
네 앞에서 금방 헐거워지는 것들밖에 나한테는 없어서
네가 없을 것보다 네가 없고 난 뒤에 어떻게 살지가 더 걱정돼

자주 너를 생각하겠지
그때마다 미워할 거고
그때마다 매번 다른 병으로 네 이름을 착각할 거야

지금도 그러고 있으니까

너를 끌어안으면 오한이 든다
이내 열이 오르고 아파 눈물이 난다
몹시 허약한 사람이 감기를 달고 살 듯
나는 너에게 약해 너를 달고 살 수밖에 없다

언제쯤 아랫입술을 깨물지 않고 너를 부를 수 있을까

찢어졌을 때 나를 찾아와
나는 너의 돌아올 곳이 될 거야

나는 너에게만 다정하지

너랑 나는 어차피 말과 말로 엮이는 사인데
무슨 말인들 못 해주겠니 내가

지난밤 꿈이 잘 기억은 나지 않지만 나는 왠지 그 꿈에서 너를 만난 것만 같다. 다정한 너의 손과 둥글게 말려있는 어깨를 찰나에 본 것 같아서. 더 이상 눈가의 마른 눈물 자국들로 너를 구별하지 않는다.

나는 너를 몸으로 기억하는 것 같다.
눈과 귀가 멀어도 살에 닿는 촉감과 체온만으로 나는
기민하고 작은 짐승처럼 너를 알고 사랑할 수 있을 것 같다.

사랑은 아무리 오래 해도 모르겠어서 제일 어려운 거라고 생각했는데, 완벽하게 혼자가 되어 보니까 누구든 사랑하지 않는 게 더 어려울 것 같아요. 그제야 사랑이 뭔지 배운 사람은 사랑하지 않고는 살 수 없게 된다는 걸 알았죠.

잘라 나눈 과일의 한쪽같이 한 몸이던 시절은 상상도 할 수 없어요. 마음에 절벽 같은 틈이 하나 생겨버린 거예요.

끔찍해요.
그래도 사랑하고 있어요.

뭐라도 써야겠다 생각하니까
당신 말고는 떠올릴 수가 없어서 씁쓸해요
당신은 기뻐 죽겠죠
나도 한편으론 그래요

두 눈을 뜨고 당신을 똑바로 바라보는 일이 점점 힘에 부쳐서
그럴만한 여건이 되지 않는다는 걸 알면서도
가끔은 내가 대신 아파주고 싶어요

석회처럼 창백한 낯빛을 하고 웅크린 채 숨죽일 때
가파른 나의 등을 쓸어주는 손이 있다면
나는 그걸로 내가 태어난 이유를 유추할 수 있을 것 같아요

그 손이 당신 팔목 아래 붙어있는 것이기를 줄곧 바랐어요
썩 어려운 일도 아니잖아요

사람이 살려면 한 사람의 몫을 해야 하고
내 몫은 아마도 사랑을 하는 일인 것 같았다

눈을 뜨면 떠오르는 얼굴들이 꼭 하나씩은 있고
그게 나를 울린다는 것은 한참 나중에야 알게 되었다

사람들은 너무 사랑하거나 너무 안 사랑해서 문제라던데
나는 항상 너무 많은 사랑을 해서 일을 그르쳤고
이제 와서 할 수 있는 일이라고는 내 부족한 사랑 얘기를 글로 옮기는 것밖에 없어서 끄적끄적 펜촉을 잘도 놀리나

사랑한다고 말하면서 우는 건 영화에나 나오는 건 줄 알았지
그게 나를 이토록 비참하게 만들 수 있을지 난들 알았겠냐고

올겨울에는 나랑 눈바람이 몰아치는 곳으로 가자.
가서 영영 돌아오지 말고 사라져버리자.

이건 도망이 아니야,
아주 멀고 긴 여행 같은 거지.
그러니까 떠나올 사람들에게 작별인사는 하지 않아도 돼.

이 여행의 이름을 사랑의 도피라고 붙여도 돼?
괜히 특별한 기분이 들잖아.
너랑 내가 사랑이라도 하는 거 같고, 그것도 이제껏 이뤄 놓은 거 다 버리고 떠날 수 있을 만큼 사랑하는 거 같고.
그래서 그냥 내 기분이 좋잖아.

너무 좋아했던 건 떠올리기만 해도 눈물이 핑 돌고 심장이 움츠러든다.

네가 골라준 문장들을 읽는다.
내 인생은 맞춤법을 하나하나 신경 쓰며 써 내려갈 만큼 온전치 못해서
난데없는 활자들을 억지로 묶어놓고 괜찮지 않냐고 물으면
괜찮다는 말밖에 할 수가 없었다.

무엇 하나 서럽지 않은 것들이 없다.
너를 읽을 수만 있다면 내 평생을 바쳐서라도 너를 독파했을 터였다.

괜찮지,
보고 싶어 하는 것 정도는.

우리는 뭐가 제일 문제였을까요.
설마 이게 다 저 때문이라고 하실 건 아니죠?
다른 건 몰라도 사랑 때문이라고는 하지 마세요.
저 그렇게 안 사랑하셨잖아요.

뭐라 드릴 말씀이 없어요.
잘 지내셨냐는 말은 너무 오래된 것 같고,
대뜸 아프지 마시라고 하기에는 오지랖 넓어 보이잖아요.
자꾸 그렇게 아무 말이나 해보라고 하시면 저 속상해요.
말주변 없는 거 아시면서.

 이러지 말고, 다음부터는 그냥 안아달라고 양팔 먼저 벌려주시면 안 돼요? 귀여울 것 같은데.
 한껏 찌푸린 얼굴로 싫은 척해도, 속으론 좋아죽으려고 하면서 안아드릴게요. 제가 더 사랑하는 것처럼요.

 당신을 이름으로 부를 수 있게 해주세요.

너와 나 사이에 얼마나 많은 간격이 있는지
이제는 헤아리기도 신물이 나지만
다행인 건 내가 그 거리감을 사랑할 줄 안다는 거지
무엇 하나 내 마음대로 못하는 기분을 즐길 줄 안다는 거지

너한테 베팅한 내 인생이 어떻게 놀아날지 궁금해서 난 잠도 안 와
이번 주말에는 놀이공원에 가자

그동안 너무 많은 이야기를 나눈 탓에
맨정신으로 할 수 있는 말은 다 한 거 같아
이제 슬슬 너와 한 이불 덮고 하고 싶은 이야기들만 남았다

하고 싶은 말을 못 하면 병이 된다던데
나는 혀뿌리에 묻어놓은 말들이 많아서 일찍 죽을 것 같다

별로 길지도 않은 이름
부르고 싶을 때 부르는 게 뭐가 그렇게 어렵다고
너 한 번 찾는 게 나한테는 이렇게 벅차다

때로 나는 너를 그리워하려고 태어난 것 같다
시기가 나빴던 사랑의 말로는 다 이런 걸까
언제나 가장 초라하고 지저분한 것들만 진심이었다

너는 가끔 내가 뜬 눈으로 꾼 꿈같아.

 사람 마음에 무단으로 들어와서 같이 난리 부르스를 추자며 내 두 손을 잡아 흔들 때는 언제고, 왜 그렇게 갑자기 뒤도 안 돌아보고 도망을 가니. 준비도 못 하고 뿌리쳐진 내 손이 너무 적적해 하잖아.

 네가 하는 사랑은 원래 그래?
 너는 원래 사랑을 짧고 다 없었던 일처럼 해?

 썰물같이, 신기루같이
 열대야에 잠 못 이룰 때 아주 짧게 꾸는 꿈같이?

2부

새벽과 아침의 가운데서

기억을 더듬다 보면 유난히 패인 부분이 있다
모르는 척 쓸어내리다가도
항상 구부린 손끝이 그 공허에 걸려들곤 한다
내가 너를 그리워하게 될 줄은 몰랐는데

느리게 가을을 닮아가는 바람과
기다리는 만큼 서둘러 와주는 건 계절뿐인 것 같다는 생각

없었던 셈 치기로 했던 기억들이 숨을 껄떡이게 했다
문득, 이었다

                        너를 떠나온 것은 나였는데
            나는 가끔 네가 날 버린 것 같다는 생각이 들 때가 있다

나 때문에 사는 거란 소리가 듣고 싶어 그 말을 듣고 나서 더 못살게 굴고 싶어 그래도 내가 사랑스러워서 어쩔 줄 모르겠다는 네 눈이 보고 싶어

　너는 다정하고 그게 나를 병들게 했어

'그럼에도 불구하고'라는 표현만큼 사람 피를 말리는 말이 없는 것 같아. 봐. 너는 내가 밉고, 나만 보면 울컥하고, 내가 유독 어렵고 내게서 기대할 수 있는 게 이제는 없다는 걸 알면서도, 그럼에도 불구하고 아직 나한테 사랑한다고 말하잖아.

   내가 미울 걸 알아.
   몰상식한 사랑만큼 쉽게 비참해지는 일도 없으니까.
   이럴 바에는 너와 나의 구질구질하고 관념적인 서사가 하루빨리 막을 내렸으면 좋겠다.

   왜 하필이면 내게 목을 걸었을까.
   너는 내 목조차 조르지 못하잖아.
   사랑은 이제 내가 감당하기에는 너무 버겁고 고귀한 것이 되어 버려서, 너랑은 뒤돌아서면 모르는 사이가 되어 있고 싶어.

   울지 마…….
   내가 잠겨 죽잖아.

심심찮게 두려운 거예요, 당신이 없는 세계가.
어쩌다가 제 안의 당신이 이렇게 커져 버렸는지 모르겠어요.
이것만큼은 제 평생 손에 꼽는 실수라고 생각해요.

당신의 하루는 어땠나요.
모르는 채로 내일로 넘어가기엔 너무 아쉬운 걸요.
저는 머잖아 많은 것들을 후회하고 떠나보내게 될 것 같아요.

내가 잠든 사이에 당신이 죽어버리면 어쩌지?
나는 오늘도 걱정만 하다 잠에 들 거예요.
당신이 나만큼 나약하지 않다는 사실을 나는 곧잘 잊어버리니까요.
건강하셔야 해요.

가방에서 꺼낸 아무 종이나 깔고 앉아서
담배를 나눠 피울 때

골목 끝에서 끝으로
벗어나고 싶다는 생각이 들지 않을 때

이 별것 없는 건물 뒤편에서
멀리서 보이는 잘 모르는 동네의 불빛을
계속 보고만 있고 싶을 때

내 사랑은 어느 한 곳 진득하게 붙박아놓으려 해도 차라리 내일 당장 길바닥 위에서 죽겠다는 듯 굴었다. 역마살이라도 낀 마냥 언제라고 기별도 없이 덜컥 자리를 잡고 나를 기다렸다. 나는 그 뒤를 넝마가 되도록 끌려 다니면서 예고 없는 사랑이 얼마나 불행한지와 사랑하는 만큼 사랑받지 못할 때의 슬픔만 배우고 말았다.

사랑이 어렵다는 말이 있어서 다행이다. 나만 이렇게 어려운 거였으면 너무 억울하고 복장 터져서 못살았지.

나는 이제야 너의 이해할 수 없는 부분들에 대해 생각한다

매일같이 슬픈 말만 하는 사람을 어떻게 사랑했니
둘이서 함께 할 먼 미래에 대해 속삭이는 건 한량들이나 하는 거라고 쏘아대는 사람을 무슨 수로 사랑했니
툭하면 너랑은 겸상 못하겠다고 수저를 놓던 사람을
저 아픈 구석만 상처고 네 흉터는 거들떠보지도 않던 사람을
예쁘다는 말 입 밖으로 내는 것도 큰일이었을 만큼 따듯한 말에 박하던 사람을 너는 어떻게 다 이해하고 전부 사랑할 수 있었니

이러면 후에 내가 이런 식으로 후회하고 먹먹한 가슴 잡아 뜯으며 혼자 글이나 싸지르라고 꾸역꾸역 사랑하는 척 했던 거니
차라리 그런 거라면 내가 조금 덜 슬플 것 같아

네가 사랑한 것들은 다 말이 없다.

없으면 잠을 못 자던 베개나 어디선가 굴러 나온 톱니바퀴, 오디오가 고장난 게임기, 이것저것 적어두길 좋아하던 검은색 가죽 노트, 한두 개씩 사 모으던 필기구들, 그리고 나까지도.

그 침묵을 더는 못 견뎌서 나를 떠난 거지?
이제껏 모으던 걸 다 나에게 버리고 간 것부터가 그래,
이제는 좀 더 소란스럽게 살고 싶었던 거지.
활자보다 소음이 좋아진 거야.

너는 나를 버린 게 아니야,
그냥 변한 거지.

우리는 최악을 함께 견뎌서
서로가 언제 가장 약해지는지를 너무 잘 알았지
깍지 낀 손 틈에서
습한 자리에 둥지를 트는 곰팡이 같은 애틋함만 키우고

괜찮다는 말로는 더 이상 위로가 되지 않아서
끝내는 등을 맞대고 피곤한 최근을 이야기하는 게 전부였던

우리에게 가장 필요했던 건
서로에게 깊이 엮이는 일이었는지도 모르겠어
너무 깊이 껴안았으면 얼굴을 보지 않아도 됐잖아

이제 다 지난 일이라고는 해도

너랑 내가 아주 멀리 떨어져서
어디 처박혀있는지도 모를 각자의 방구석에서
같은 시간들을 돌이켜 곱씹을 거라고 생각하니까
좀 놀리고 싶고 슬픈 거 있지

보고 싶겠지

보고 싶어야 돼
하여튼 외롭게 죽기 싫은 건 너나 나나 똑같았나 봐

오늘은 비를 조금 맞아가며 펜과 원고지를 샀다. 네 생각은 상습적으로 내 마음에 무단침입을 일삼고, 나는 매번 무색하기 급급해서 가혹해지기에 실패한다. 남루한 진술서에는 틀린 글자를 검게 칠한 흔적보다 사랑한다는 말이 더 많을 것 같다.

아무렇지도 않게 찢고 덧붙이는 새벽이 계속되고, 한참 글씨를 눌러 쓰다 눈꺼풀이 무겁고 고개가 떨어지면 기껏 타온 커피가 맛이 없다는 사실을 알아차리게 된다. 너저분한 속을 까뒤집어 흐르는 물에 세척하고 싶다. 조금 울 수 있을지도 모르겠다.

가끔은, 아주 가끔은
언제나 갑작스럽게 마주하게 되는 너와
타인에게 상처받은 이야기와
그 이야기 때문에 흘리는 눈물을 핥아주고 그러는 일이
너무 역겹고 구질구질해서 참을 수가 없어.

비가 내릴 걸 알아도 미리 우산을 챙기지 않는 사람을 사랑해야겠다.
애인이 뿌연 빗길을 혼자 걷고 있다는 사실을 못 견뎌 할 나를 잘 아는 사람을 사랑해야겠다.

자기를 사랑해주는 사람을 사랑하지 않고도 살아갈 수 있다는 건 어떤 기분이야?

네 마음은 몰라도, 너를 사랑하고 있는 사람 마음은 너무 잘 알 것 같아서 그래.

너와 나 사이에 '그때'라는 단어로 지칭되는 숱한 순간들은 대부분 말 끝을 날카롭게 벼리느라 말 한마디를 하는 데도 수십 분이 흘렀던 때를 의미하고 있다.

우리는 왜 그렇게 서로를 상처 입히고 싶어서 안달이었을까.
왜 피를 보지 않고는 못 배기는 투견처럼 달려들고 죽일 듯이 헐뜯었을까.
어쩌다가 우리의 그때를 그런 식으로 정의하게 된 걸까.

오늘도 나는 사무치느라 잊히지 않는 말들 때문에 고생이 많다.

네가 울었으면 좋겠다.
내가 안타까움을 먹이로 삼아 연명하는 심해어라,
그 눈물을 받아먹고 살 수 있었으면 좋겠다.

너의 삶은 한없이 기구한 것이었다.
서러웠고 외로웠으며 지독했고 악착같았다.
어떻게 생겨먹은 인생인지 사랑도 그랬다.

펑펑 울 일이 많기도 했다. 그러한 원인 중 작지 않은 부분을 차지하는 것이 나라는 데에는 한 치의 의심도 생기지 않고 나는 종종 그것을 축복처럼 느꼈다.

어쩌다 보니 나는 우는 법을 잊었고,
너는 아는데도 내게 가르치지 않는다.

너를 왜 내 구원이라고 생각했을까.

내 무릎을 베고 누워서 가만 눈을 감은 너를 생각하면, 발끝이 차츰 저려올 것보다도 네가 불현듯 일어나 멀리 떠날 채비를 할 게 더 두렵다.

　언제부터인지 너무 또렷한 상상들을 모아 추억하는 게 일이 되었다. 가장 최근에 겪고 있는 문제는 내가 네게 직접 했어야 하는 말들을 진작 하지 못하고, 결국엔 보여줄 수도 없는 글로 풀어버렸다는 것. 그리고 어찌저찌 네가 그 글들을 받게 되더라도 너는 읽지 않을 거라는 것. 전부 알면서도 다시 되감고 수습할 마음이 영 들지 않는다는 것.

　나는 아직 너의 부재를 무던하게 눈감아 줄 자신이 없다.

수첩을 잃어버려서 오늘은 편지를 써요 손을 깊게 깍지 껴 잡아도 내 몸 어디든 당신이도록 껴안아도 둘이었던 당신과 나를 하나로 만들어줄 수 있는 것은 우리라는 두 글자뿐이었던 것처럼 그때의 우리는 사이 없는 사이는 없다는 게 너무 슬퍼서 감당할 수 없을 것만 같았지요 그때 나눴던 것들을 하나씩 지워나가다 보니 그렇게 하찮고 작은 것도 없다는 생각이 들어서 도리어 죽으면 안 될 것 같았어요

그렇게 살다 보니 여태 안 죽었네요 너무 오래 살아버린 것 같아서 마음이 쓰여요

잘살고 있나요 새로운 애인은 생기었나요 그 애인은 나를 아나요 내가 아직도 우리라는 단어로 당신과 나를 묶고 있다는 사실을 아나요 내가 괜한 걱정을 하는 거면 좋겠어요 사소한 질문만으로도 내가 너무 많이 망가지고 있다는 걸 너무 잘 알겠어서요

이상하죠 그땐 당신 발끝만 보여도 뒷걸음질을 치고 싶었는데 이제는 안아 붙드는 것조차도 조심스럽다는 게 서러워요 이제는 기어갈 용기도 없어서 보내지도 못할 글을 쓴다고 말하면 다정한 당신이 그만 울음을 터뜨릴 수도 있을 것 같다는 생각이 드네요

수첩을 찾았어요 왜 거기에 있었는지 모르겠지만 당신이 선물해준 책들 사이에서 발견했어요

하루가 거의 다 지났는데 나의 오늘은 여전히 공백으로 남아있군요

하고 많은 것들 중에는
당신의 환심을 살 수 있는 것들이 너무 많아서,

유독 당신은 내게 마음이 없지

우리는 늘 자기 발아래 낭떠러지만 봤지 서로의 심연이 얼마나 깊었는지에는 관심이 없었다 그저 내가 떨어지면 네가, 네가 떨어지면 내가 가녀린 서로의 손목을 잡아 주리라 믿어 의심치 않았다

그렇게 사는 게 다였다
그렇게 사랑하기만 했었다

내 사랑은 다 맹목이었다
생각만 해도 속이 뒤집히는 질병 같은
숨을 헐떡이면서 찾는 약물 같은 거였다

너를 내 지옥이라고 할까 천국이라고 할까 고민해봤는데
사실 두 곳 다 꿈에서만 흘겨보고 말았던 곳이라 뭐가 더 적당할지 모르겠다
그래도 이건 좀 확실하게 알 것 같다

"나는 너에게 지옥이었지?"

목 아래로 좀처럼 사라지지 않고 걸근거리던 것
그 정체가 울음이었다는 걸 그때는 몰랐다

우리는 언제나 밤과 새벽의 경계에서 만나고 헤어졌다
옅어진 잇자국이 심심하지 않게
울든지 말든지 새로운 흉터를 만들어주고 나서야
서로를 멀리 보내줄 용기가 생겼었다

괜찮아 더 세게 물어도 돼
사랑니는 제대로 났는지
부러지거나 썩어서 어디 빈자리는 없는지
내가 다 봐 줄게

그때는 그것도 사랑인 줄 알았는데
아닌 걸 알았으면 조금만 더 빨리 이야기해주지 그랬어

아무렇지도 않게 네가 우리라는 단어를 입에 올릴 적마다
나는 어딘가가 조금씩 부서지는 것 같은 기분이 들었다.

우리 저번에, 우리 그때, 우리 오늘, 우리 앞으로, 우리 언젠가, 우리 매일매일……
조잘대는 미인의 얼굴에는 슬픈 기색이 하나도 없지.

이것도 나름 어이없고 웃기고 그러네.
나는 한 번도 너랑 나를 죄책감 없이 우리라는 단어 안에 묶었던 적이 없는데, 너는 이제 막 한글을 떼서 뜻도 모르고 쓰는 아이처럼 참 쉽게 말하잖아.

다른 것도 아니고 내가 기분이 더러웠던 걸 글감으로 우려먹으려고 하니까, 내가 다 망친 건데도 별로 살고 싶지 않은 거 있지.

손끝에 박힌 작은 가시처럼 하찮고 따끔거리는 말만 주고받았어도 우리는 서로를 아주 미워하지는 않았지. 따끔거리던 자리가 곪는 줄도 모르고.

하긴, 괜찮다거나 미안하다는 말 한마디만 있었어도 벌써 아물었을 시간과 사건들이 벌레 먹고 물러 터져서 별안간 모르는 사이에 속을 발칵 뒤집어 놓을 줄 누가 알았겠니.

너도 내가 참 밉겠다.

서로가 서로에게 기대할 수 있는 것이 더 남아있지 않을 무렵에는, 더 사랑하지 않는 법보다 더 사랑하는 법이 간절했다.

손이 차면 마음이 따뜻하다는 속설을 농담 삼아 나누던 때가 무색하게 우리는 겨울에 헤어졌다.
너무 다정해서 권태로운 낯을 마주 보고 있기가 미안했던 거겠지.

눈이 되다 만 비처럼 실패한 지난 사랑을 뒤적이는 일이 얼마나 우습고 꼴사나운 짓인 줄을 알면서도, 하고 싶은 건 해야만 하는 성질은 나이를 먹어도 죽지 않고.

아,
내년 겨울에도 이 꼴이면 내가 죽든 이 더러운 성질머리를 죽이든 해야지 안 되겠다.

마치 한 몸이었던 것 마냥 우리는 닮아있었고,
더 가까울 수 없다면 차라리 아주 멀어지고 싶었다.

언젠가 당신이, 나는 꼭 사랑하는 사람의 입술을 닮는다 말했던 기억.
내 입술은 갈피를 모르고 벌어져 있을 때 더 예쁘다던 당신 말.

아침에 보고 싶었던 게 너였는지, 네가 한 말들이었는지 모르겠다.

네가 아니었다면 누가 나를 그런 방식으로 사랑해줬을까.
혼자 건너온 다리를 끊어버리기 전에 고맙다는 말을 먼저 했었어야 했는데.

내가 너무 쉽게 외로워서
외로웠어서
외로워하고 있어서
'나 지금 외로워'라고 말하는 고백에 늘 발이 묶였다

하고 싶었던 말도
할 수 있었던 말도 많이 없고
정작 가장 해야 했던 말들을 못한 게 내 닻이 될 줄 몰랐던 거지

너 말고도 나를 괴롭히는 것들은 많아.

두터운 서류 다발에 7포인트로 쓰인 약관, 친절하게 거짓말을 하는 사람들, 콧잔등에 남는 안경자국, 주머니에 들어갔다 나오기만 하면 꼬이는 이어폰 줄, 종이를 넘기다 베인 손가락, 쓰레기가 쌓인다 싶으면 꼬이는 초파리, 아무리 섬유유연제를 풀어도 빠지지 않는 쉰내 같은 것들.

나는 단지 너로 충분히 괴로워할 시간이 필요해. 그건 너도 마찬가지야. 지금 당장은 성가신 것들을 처리하기에도 너무 바쁜데 너는 꼭 알면서 그러더라. 그런다고 달라질 나도 아닌데.

언제쯤 너를 일부러 외면하지 않게 될까.

당신 말을 듣다가 생각하고는 해.
그토록 찬란한 말을 하면서 울 수도 있구나, 같은 것들.

그런데 매번 나는 어째서 당신에게 감동하지 않는 걸까.
한동안은 너를 떳떳하게 그리워할 수가 없을 것 같다.

당신을 한창 자주 만날 때는 차라리 우리 사이에 오랜 공백이 있을 수밖에 없었으면 좋겠다고 생각하기도 했었어요. 서로가 서로를 닮아가고 서로가 서로에게 익숙해지는 게 너무 좋으면서도, 뜨거운 물과 찬 물이 섞이면 미지근한 물밖에 되지 않는 것처럼 결국에는 더 해줄 수 있는 게 남지 않을까 봐 두려웠거든요.

　그래서 우리가 언제나 오랜만에 만날 수밖에 없었으면 좋겠다는 생각을 했었어요. 오랜만에 만나는 사람은 그게 누구라도 반가워하게 되니까요. 그런데 우리 이제 정말 오랜만이 아니면 만날 수 없는 사이가 되었군요.

　당신은 어떤가요? 문득 나를 마주쳐도 반가울 것 같나요?

　눈물이 왈칵 쏟아질 것 같은 표정도 너무 반가워서 그런 거겠죠?

가끔 네가 구석구석 입 맞춰주고 싶을 만큼 예쁜 말을 할 때
너를 꽃이 아니라 심장에 비유 했어야 됐는데

참을 수 없어서 손을 얹으면
얇은 살거죽과 그 아래 불거지는 뼈들
박동보다 선명하게 느낄 수 있어서 마음이 아렸어
형용할 줄 몰라서 발악하는 법을 배웠어야 했는데

외롭지
술 마시고 내 생각 더 해줘
다음에 후회할 때는 내 생각도 몰래 끼워줘

나는 모르겠다는 말을 많이 했었지
사실 몰랐다기보다 아는데 굳이 말로 옮기고 싶지 않았던 거 같아
보기만 해도 닳는다는데
자주 말로 옮기다 보면 도중에 누락되는 것들이 너무 안타까워서
나는 그냥 입을 다물고 싶었어

너는 그런 불확실한 내가 싫었던 거지
좋은지 싫은지
그저 눈치만 보는 게 사랑이 아니라고 말하고 싶었던 거지
나중에는 내가 너를 사랑하는지도 잘 모르겠다고 할까 봐
그게 두려웠던 거지

이해해
무엇 하나 투명한 게 없는 우리가 가장 확실하게 할 수 있는 거라고는 말이 전부였으니까
내 불투명한 속을 네가 아무리 지우고 닦아봤자 제대로 볼 수 있는 게 없다는 걸 아니까
아무리 네가 뒷걸음질 쳤어도
사랑해 한 마디면 됐던 걸 내가 못하고 있었으니까

내 생각보다 훨씬 사랑하고 있었던 당신을 어떤 식으로 잊으면 좋을지 모르겠어요 사랑을 시작하는 법이나 너무 좋아하는 마음을 글로 표현하는 것처럼 이번 일도 가르쳐주는 사람이 없을 것 같아요 너무 소중한 것들을 소중한 방식으로 정리하고 싶은데 나는 아직 그런 일에 너무 서툴고 작고 보잘것없어서 매일 밤 엎드려 울기만 해요

 가르쳐주세요 아니 가르쳐주지 마세요 저한테서 잊히지 마세요 제가 잘 기억해볼게요

누가 그러는데 사랑을 받기만 했던 사람은 언어가 없대. 나는 그 말을 듣고 기가 차서 술을 마시고 있었다면 홧김에 잔디밭에 벌렁 드러누웠을지도 몰라. 그런 말을 하는 사람들은 받기만 했다고 밖으로 뱉고 싶은 게 없는 줄 아나 봐. 그런 사랑 해본 적 없으면 그냥 말을 하지 마시라고 전하고 싶어. 그러니까 나 같은 사람들이 복에 겨웠다는 소리나 듣고 정작 하고 싶었던 말들을 못하잖아.

그때 우리가 나눴던 말들이 전부 다 거짓말이었다거나 꿈이었다거나 해서 아무런 흔적도 무게도 없이 훌훌 털어버릴 수 있었으면 좋겠어. 네가 했던 말들이 다 너무 좋았거든. 그래서 내가 염치도 모르고 자꾸 다시 읽고 좋아서 웃고 그랬거든. 이제 좀 홀가분해질 때도 된 것 같은데, 아직도 가끔 좋고 그래.

최근까지도 눈 뜨고 있을 땐 네 생각 많이 나.
그건 내가 어떻게 할 수 있는 게 아닌 것 같아.
난 언제쯤 너로부터 독립할 수 있을까?

너와 내가 건너온 우주는 밑도 끝도 없이 청량하고 처량해서 꼭 익사할 것 같은 밀도로 너와 나를 보내주었지만, 거기에도 우리라는 단어는 없었지.

나는 정말 애타게 찾고 있었는데.

너는 나한테 매일 기대고 있었으면서
왜 아직 아무데도 뿌리를 못 내렸어
내가 직접 앙상한 너의 발등을 덮어주기까지 했는데
그때 내심 좋아하는 기색을 내가 똑똑히 봤는데
뭐가 마음에 안 들어서 살아가려는 너의 의지까지 부정하느냔 말이야

나는 이제 한참 전에 너를 떠났으니까
언제든 기대도 좋은 지지대도 아니고
힘들 때 드러누울 수 있는 매트리스도 아니고
오들오들 떠는 어깨를 감싸주는 이불보도 아닌데
왜 자꾸 네가 눈에 밟히는지 모르겠어

넌 대체 언제가 돼야 한 사람 몫을 하면서 살 거야
그러다 네가 진짜 정처 없이 죽어야 될까 봐 무섭단 말이야
네가 나를 아직도 못 잊어서 빨리 나 좀 주워가라고 그 지랄을 하는 걸까 봐 무섭단 말이야

아무튼 옛날부터 불쌍하고 예쁜 건 혼자 다 하지
진짜 너무 밉다

문득 돌아보니까 내가 너를 걱정하는 건 그다지 유별난 일이 아니었어. 온갖 사랑과 걱정을 독차지하는 것도 재능인지 내가 아는 한 모든 사람들이 너를 걱정하거나 그런 척을 하고 있었거든. 내가 뭐라도 되는 줄 알았던 게 좀 쪽팔리고 아찔하고 그래.

새삼스럽지도 않게 왜 자꾸 내 눈에 밟히냐고 묻고 싶은 건 그래서야. 네 턱을 긁어줄 사람은 나 말고도 지천에 깔렸는데 왜 하필이면 내 앞에 드러누웠는지가 너무 궁금해서 견딜 수가 없어진 거야.

좋아했다는 말만 하지 마. 돌이킬 수 없을 것 같아서 그래.

왜 그렇게 낯설다는 표정이야.
지금 가장 울고 싶은 게 누군데 그래.

무엇도 될 수 없다는 생각이 들 때보다 뭐라도 된다는 생각이 들 때 나는 조금 더 비굴해지고 가난해지고 조악해지고 서러워질 수 있었다.

귀띔이라도 미리 해줬으면 조금 달랐을 텐데. 나는 언제나 너를 생각하는 수많은 사람 중의 하나가 아니라 네가 가끔이라도 미소 지으며 떠올리는 한 사람이고 싶었는데……. 아 존나 구질구질해서 못 봐주겠다.

이럴 줄 알았으면 눈치 보지 말고 사랑한다는 말이나 실컷 할 걸 그랬네.

헤어질 때 헤어지더라도 나는 우리가 좀 더 극적이길 바랐다.

무릎을 꿇고 앉아서 서로의 신발끈이 풀리지 않게 단단히 묶어주던 때처럼, 적어도 짧은 말 몇 마디로 단숨에 끊어낼 수 있는 사이가 되지 않기 위해서 질기고 애틋한 것들을 많이 만들어 뒀다고 생각했는데.

내가 나에게 지운 것보다 더한 실망을 너에게 안겨주고, 내가 할 수 있는 게 이것뿐이라는 듯, 도망칠 핑곗거리가 고작 이런 것들밖에 없다는 듯, 그렇게 헤어지게 될 거라고는 상상도 못했으니까.

아무래도 오해나 오만 같은 게 내 특기인 모양이야.
어떻게 생각하는 것마다 들어맞는 게 하나도 없지.

한여름, 안 그래도 좁고 더운 방에 누워서 억지로라도 한 자리 차지해보겠다고 몸을 비집어 넣고 눌러 감은 눈꺼풀과 오직 네가 내 옆자리에 누워 고른 숨을 쉬고 있다는 사실을 위안 삼아 곤한 잠에 들 수 있었던 밤.

 가끔씩 그때 네 숨소리가 아직도 너무 선명하게 귓바퀴 근처를 맴도는 것 같아서 울고 싶어져.
 어쩌자고 너는 이렇게 많은 걸 남기고 간 걸까.

 네 생각이 들 때마다 지는 기분이 들어.
 요즘에도 슬프면 내 생각해?

내가 너를 생각할 때면 우리 참 오래 만났는데도 떠오르는 기억은 몇 개 없고 있는 것마저도 좋았는지 잘 모르겠고 그렇다고 그 시간들이 아무 의미 없었다고 하면 기분이 나쁠 것 같아서 차라리 아무 말도 안 하는 게 낫겠다고는 생각했었는데

이제라도 어쩌다 발에 채인 쪼가리 같은 것들을 주워다가 때늦은 앨범이라도 만들어볼까 싶어졌어

너랑 나는 마음 한 구석에서 찝찝한 게 그을음처럼 남아서
이불을 덮은 어깨를 깨물지 않고는 못 배기던 사이
삐뚤게 난 송곳니 고인 물에 불어터진 비누 베인 손끝과 시퍼런 멍과 먼지 냄새
난분분한 소설의 낱장을 하나하나 주워 모으면서 사춘기가 늦게 왔다는 말을 변명이라고 할 거라면 접싯물에 코 박고 죽으라던 무심한 뒷모습

질리게 보던 낯짝 대신 등판만 보고 있으면 나는 별의별 생각이 다 들었었는데
어쩌면 우리는 후에 감당할 수 없을 것들만 잔뜩 만들어 놓기를 좋아했던 것 같다

네가 없으면 병이 나서 곧 죽을 줄로만 알았던 때도 있었지
이제는 고질병이 된 편두통의 원인이 너의 부재가 아니라 너의 존재였다는 걸 깨닫기 전까지
이게 다 네가 없어서 생기는 병증이라고 울기도 많이 하고 억지를 쓰기도 했었는데

그런 나한테는 설탕을 뭉쳐 만든 약이 최선이었어
도무지 맞는 약이 하나도 없었으니까

가짜라는 걸 알면서도 삼키고
힌숨 지고 일어나면 씻은 듯 나을 거라고 믿고
그러고 나면 뭐든 괜찮아 보이지

지금 나한테는 네가 없어도 제법 괜찮아 보이는 것 같아
네가 이 말 듣고 섭섭한 만큼 그간 내가 외로웠다고 생각해줬으면 해

이제 정말 다 끝이구나 싶으니까 기억 저 밑바닥에 깔려서 잊고 있던 것들이 추억이랍시고 자꾸 고개를 쳐들어요. 어쩔 수 없이 마주하게 되는 이런저런 얼굴들이 그립거나 슬프다기보다 조금 아깝고, 안타깝기만 한 걸 보면 내 마음이 당신을 잊으려고 단단히 작정한 게 틀림없는 모양이에요.

내 안에서 당신의 설 자리가 점점 사라져가는 걸 고스란히 느끼는 기분은 어떤가요. 너무 외롭지 않았으면 하는데 그게 마음처럼 쉬운 건 아니죠.

이제 끝이 얼마 남지 않은 것 같아서 하는 말이지만 마지막은 웃으면서 보내기로 해요. 한참 나중에까지 서로의 마음에 죄책감이나 후회로 남는 비루한 존재가 되지 말자구요.

함께라는 말의 무게를 나눠 가지기에 나는 너무 커다란 걸림돌이었지. 서로 부딪혔을 때 깨어지는 게 나였다면 조금 덜 슬펐을 텐데.

 결국 네가 나 때문에 죽으면 그 앞에다 흰 국화 같은 거 말고 활자로 빼곡하게 채운 종잇장 몇 뭉치 가져다 놓으려고. 뒤늦게나마 고해하는 마음으로…….

이건 불공평해요. 좋아하고 사랑하고 자기가 하고 싶은 거 내키는 대로 다 한 사람보다 적절하게 사랑하려고 발악했던 사람이 헤어지고 나서도 나중에 더 오래, 많이 아파야 되는 거요. 더 사랑하고 덜 사랑하고의 문제를 말하는 게 아니에요. 당신이 나를 충분하게 사랑해주지 않아서 억울해 죽겠다는 말이 하고 싶은 게 아니라고요. 나는 같은 계절이 두 번 지나도 아직 당신 생각만 하면 숟가락을 못 들겠는데 당신은 날이 많이 풀렸다는 이유로 겨울 코트를 벗어 장롱 깊숙한 곳에 걸듯이 나를 잊는 일이 너무 당연하고 쉬운 일처럼 살고 있잖아요. 내가 억울한 건 바로 그런 부분이에요. 당신이 너무 그럴싸하고 안정적인 인생을 혼자서도 잘 살아내서 속이 상하고 짜증이 나는 거예요. 아직도 당신 옆구리를 꿰차고 네가 있어야 내 인생이 완벽하다는 말이 듣고 싶어요.

한 번만 말해주세요. 네가 없는 나의 하루가 너무 쓸쓸하고 지루하고 고독해서 견딜 수가 없다고. 아직도 밤에는 네가 불쑥 나를 껴안는 꿈을 꾼다고. 그걸 들키고 싶지 않아서 점점 더 치밀하고 교묘해지고 있다고요. 그럼 제가 조금 덜 억울할 것 같아요.

너에게 구원이라면 내가 유일한데
그런 내가 할 수 있는 것들은 전부
고작을 붙여야 하는 것들이라 유감이다

너를 통해 보는 나는 징그럽고
나는 내 무력 앞에서 자꾸 울음이 터지는데
너는 우는 나를 달래면서 내가 다 미안하다고 말을 하지

내가 다 미안해
내가 더 미안해

어쩌다 내가 더 이상 두고 볼 수가 없어서 너를 놓으면
너는 얼마 가지 않아 정말로 죽어버릴 것 같아서
다른 무엇보다도 그게 가장 두렵다
그게 다 내 탓이라는 걸
내가 가장 잘 알기 때문에

꿈에 자꾸 네가 나와서 비참해.
그걸 꾸역꾸역 쓰고 있는 나도 참 못났고.

사사롭게 지나는 계절들이 사무치기 시작하는 걸 보니 이제 나는 너에게 생각나는 얼굴이 아닐 것 같아. 전처럼 간지러운 말로 편지를 쓸 처지도 되지 못한다는 사실을 천천히 받아들일 필요가 있지. 모르겠어. 마음만 먹으면 갈아치울 수 있는 존재가 되고 싶지 않았는데, 그러다보니 너무 익숙해서 잊게 되는 존재가 되어버린 것 같아.

조각조각 부서진 나를 갈무리해줘.
잊고 있던 걸 떠올리는 게 얼마나 어려운지 아니까, 나는 순순히 마음을 접을 거야.
그걸로 배를 만들면 바다에 띄울 수 있을까?
누가 주워서 펼쳐본다고 한들, 읽을 수 있는 게 없겠지.

모든 이별은 어딘가 슬픈 구석이 있기 마련이어서 이별에 관해서는 유난히 낭설이 많지. 나는 한동안 이별 앞에서는 누구도 담담할 수 없다는 말을 미신처럼 소매 안쪽 깊은 곳에 넣어두고 다녔다.

정형화된 변명들을 되새기다 보면 비웃길 정도로 떠오르는 괜찮다는 말들, 그리고 전혀 괜찮지 않았던 마음들.

'인연이라면 다시 만나겠지'라는 말은 운명이 도와주지 않는 한 우리가 다시 만날 일은 영영 없을 거라는 뜻이다.

내가 무슨 수로 사랑을 운운해.
내 사랑도 보기 좋게 망쳐서 밤마다 이불 뒤집어쓰고 우는데.

나한테 고백은 죄, 눈물, 사랑, 우울, 걱정, 화, 애증 따위를 꼭꼭 눌러 담은 밥공기를 상대 앞으로 내미는 일

　　서로의 치부를 탈탈 털어 밥을 짓고 서로에게 떠먹이던 밤
　　서로 볼꼴 못 볼 꼴 다 보고서도 사랑해 한 마디가 그렇게 어려웠는데

　　우리 뺨을 맞대던 자리가 자꾸 움푹하게 패인다

상대가 허락하는 무례만 범하고 온갖 예의는 다 차리는 우리가 남들 눈에는 이상해 보이겠지. 어떤 사이냐는 질문을 받았을 때 갖다 붙일 말이 없어서 몇 날 며칠 고민만 하다가 그냥 친구라고 부르기로 했던 걸 보면 우리조차도 우리를 특별하게 생각했던 것 같아.

애증에는 유의어도 없대. 아니, 있기는 있는데 정말 그거 하나만 의미하는 건 애증밖에 없대.

서로 애증 하는 사이를 뭐라고 부르면 좋을까?
적당한 말이 있기는 할까? 내친김에 우리가 만들까?

너와 있을 때 나는 참 많이도 울었는데
그때마다 입버릇처럼 '나 미워해도 돼' 말했었는데

그때는 네가 나를 미워하는 일이 내 허락 없이는 일어나지 않을 것 같았어
그게 나를 사랑하는 것보다 쉬운 일이라는 걸 몰랐던 거지

철저하게 미워해 줘
많이 보고 싶으니까

손끝에 박힌 작은 가시처럼 하찮고 따끔거리는 말만 주고받았어도 우리는 서로를 아주 미워하지는 않았지. 굳이 말하자면 꽤 투철하게 서로를 생각하고 있었어. 따끔거리던 자리가 곪는 줄도 모르고.

 아직도 가끔 생각해.
 네가 나한테 사랑해 한마디만 제대로 했었더라면
 네게 목을 걸었을 거라는 생각.

나를 지나치는 너의 무심한 어깨를 보면서 생각했다.
아, 너는 참 여러 가지 방식으로 나를 죽이는구나.

마음에도 없는 소리 하지 말고 잠이나 자라고 목 아래까지 이불을 덮어주던, 달아줄 대답이 없어서 시들어가는 날의 오후.

네가 나를 죽일 적마다 초라한 무덤을 하나씩 만들었다면 좁은 마당에 벌써 봉분이 빼곡했겠지.
이제는 더 슬프지도 않다.

너를 떠오르게 하는 것들이 몇 가지 있지
늘어지는 선, 군데군데 든 멍, 불그죽죽한 눈가나 굽은 목처럼

당시에는 얼마나 다쳤는지 모르다가
한참 나중에 실감하는 종류의 통증

예전에도 나는,
네가 죽겠다고 하면 혼자 말고 꼭 함께 죽자고 했었던 것 같아
지금은 나지막하게 네 손을 잡게 될 것 같고

오늘이도 모른 척해주겠니

잘 자
물려 죽지 말고

이제 내가 긁어모으고 있는 감정들은
사랑이라고 하면 안 되겠지

사랑은 안 하는데
내가 없으면 네가 죽을까 봐 걱정돼서 같이 사는 거
힘들어 할 너를 알면서 멋대로 두고 가버리면
그게 다 나에게 돌아올까 봐 심란한 거
우리라는 이름으로 사다 놓고 꿔다놓고 만들어놓은 것들이
다 쓰레기가 되어버릴 게 너무 벅차서 그냥 두는 거

이제는 너를 달래는 것만큼 정리하는 데도 숨이 턱턱 막히겠지
정으로 산다는 게 뭔지 조금 알 것 같아

당장의 너보다 내가 없을 너를 걱정하는 게 더 귀찮고 더 번거로워서
계속 이렇게 서로를 좀먹으면서 살아야 하는 거

어느 날 보니까 손톱이 부러져있었어.
아픈 줄도 몰랐는데 막상 알고 나니까 너무 서러웠던 거 있지.

나도 모르는 사이에 틀어졌던, 부러진 자리를 깎고 잘라내도 다시 자라지 못했던 우리 사이가 생각나서.
울머불며 재회해도 결국 같은 이유로 헤어질 거라는 걸 알았지.

나 아닌 다른 사람과는 네가 다쳐도 괜찮은 연애를 했음 좋겠어.
서로의 발을 오른발 왼발을 한쪽씩 묶고 걷다가, 누군가 먼저 넘어져서 나머지 사람마저 같이 넘어지더라도. 그래서 둘 다 무릎이 까지고 손바닥이 쓸렸더라도.

먼저 빨간약을 발라주고 약이 마르도록 입김을 불어주는 사람을 만났으면 좋겠어.
행복했으면 좋겠어.

네 이름은 언제부턴가 입에 붙어서, 아스팔트 위에 눌어붙은 껌딱지처럼 좀처럼 떨어지지도 않고 계속 남아있을 작정인 것 같다.
 이름이 소모품이 아니라는 게 얼마나 다행인지 몰라.

 너는 우울할 때마다 하나씩 꺼내 먹는 말린 자두처럼 말캉하고 끈적하고 새큼한 사람.

 나는 전처럼 너에게 굶주려 있지 않다.
 다만 시퍼런 우울에 숨구멍만 겨우 내놓고 푹 잠기게 되는 것이다.
 꼭 너를 생각할 때면.

사전을 찾아보면 '다정'의 반대말은 '매정'이라는데, 나는 이상하게 '잔인'이 더 먼저 떠올랐다.

나는 아직도 아침에 손을 더듬거리면서 알람을 지우면 잘 잤냐는 문자가 와 있을 것 같고, 일기예보를 챙겨 보면서 계절이 가는 걸 함께 듣고 목도리를 감아주는 사람과 살고 있는 것 같다.

당신이 일상에 박아놓고 사라진 다정들이 내가 어디를 가든 찔러 댈 줄은 꿈에도 모르고, 손끝을 다쳐가며 다정을 설치하는 당신을 보고도 나는 그냥 내버려 두었었지.

당신은 가장 잔인해지는 방법을 너무 잘 알았던 것 같다.
그러니까 내가 아직도 당신이 보고 싶어서 베갯잇을 적시고 그러는 거겠지.

요즘에는 주말 오전에 깨어있을 때가 많이 없어요. 당신을 만날 일이 없어서 부지런을 떨 일도 없거든요. 대신 오후 느지막이 일어나서 내가 가장 잘할 수 있는 것들을 해요. 가령 오래된 기억들의 먼지를 털어내는 일이요. 보잘것없어 보여도 모든 추억은 제가 세심하게 잘 돌보고 있답니다.

셈에 약하지만 당신이 나를 위해 골랐던 것들이 하나같이 세심하고 값나가는 것들이라는 건 알겠어요. 이제는 약이 다 되어 바늘이 돌아가지 않는 손목시계를 차고 있으면 손목을 끊고 죽지 말라는 당신 목소리가 들리는 것 같아요. 그러니까 바늘이 성실하게 자기 할 일을 하고 있는지는 중요하지 않죠. 여태 내 시간은 세 시 오십 분 오십오 초에 멈춰 있어요.

나는 언제나 당신의 허전한 목 언저리를 장식할 목걸이를 선물하고 싶었어요. 내가 선물을 준비하기도 전에 우리가 헤어져서 당신이 그렇게 죽었던 걸까요. 문자를 받고 저는 가장 가까운 금은방에 들어가서 가장 얇은 줄에 가장 작은 펜던트가 꿰인 목걸이를 샀어요. 나는 당신처럼 죽지 말아야겠다고 다짐한 것은 문득이에요. 소중해 보이는 것들이 너무 많거든요. 잃을 게 많다는 소리예요.

내가 진짜 하고 싶은 말은, 하고 입안에서 머무는 것들이 있다. 지나치게 낭만적이어서 정작 입 밖에 내면 별 볼 일 없어 보이는 말들.

너는 종종 소리를 지르며 따지곤 했다. 일방적인 무관심이, 성의 없는 무표정이, 저를 복장 터지게 하는 침묵과 좁고 깊은 대화 사이의 간극이 어떻게 친밀함의 증표가 될 수 있느냐고. 마치 그게 네가 말하는 친밀이고 애정이고 사랑이라면 다시는 너와 상종하지 않겠다는 듯이. 이유도 같이 물어줬으면 좋았을걸. 역시 대답은 못 했겠지만.

그래 나는 이 순간에도 살 궁리만 하고 있지.
죽겠다고 소리를 질러도 너한테는 가닿을 일이 없으니까.

새벽과 아침의 경계에서 영영 방황하면 좋겠는데.

난 내가 좆같이 굴어도 나한테서 떨어져 나가지 못할 것들한테만 매정해 그냥 내가 싫다고 해 네가 내 눈치를 본다는 게 그게 더 좆같고 속상해 그게 얼마나 서러운 일인지 아니까…….

 나도 난데 너도 참 너다.

슬플 때 떠오르는 얼굴이 있다는 건 비참한 일이야

살과 살이 자꾸만 들러붙던 날
조금만 더 오래 이 비가 이어지면
귀 뒤에서 아가미가 돋아날 것 같다고 말했었지
너는 지느러미가 작고 귀여운 열대어가 되고 싶다고 했고

혼자서 숨 쉬는 법을 배운 너는
이제 내가 필요 없어

우리 다음번에는 서로를 미워할 수 있는 사이로 만나자

시간이 나면 당신이 생각나는 물건들을 하나씩 적어보려고요
번호도 매기면서
적을 수 있는 것보다 적을 수 없는 게 더 많을 것 같아요

그럭저럭 살아가고 있어요
이른 아침부터 늦은 새벽까지 틈틈이 당신 생각도 하면서요
입 밖으로 내는 순간에 지키지 못할 거라는 걸 직감하게 되는 말이 있는데 잘 지낼세, 같은 말도 그중 하나인 것 같아요

나는 당신이 미운데
당신을 미워하는 내가 미워서 살 수가 없어요
아무래도 잘 사는 데에는 소질이 없나 봐요

제가 이럴 줄 모르고 사랑하신 거지요
그래서 그렇게 자주 고개를 떨구셨던 거지요

제 앞에서 약해지지 마세요
제가 올바르게 당신을 미워할 수가 없잖아요

너무 자주, 오래 봐서 이제는 문득 떠올릴 수 있을 정도가 된 글이 실린 책을 머리맡에 두고 표지만 내내 쓸다가 보면, 당신 생각에 조금 우울할 수도 있을 것 같다.

당신에게 내가 좋은 사람이면 뭐해.
어차피 잠깐 좋고 말 거잖아, 우리는.

언제까지 사랑 타령하면서 질척거릴 거냐고 다그쳐주세요.
고백하고 싶은 게 있어요.

제가 사랑을 쏟아부었던 것들은 전부 파산했어요. 요즘 외롭다는 말을 어렵게 하는 방법은 가지각색이에요.
지난번 사람은 저 같은 사람은 주식을 사면 안 되겠대요. 저는 저보다 똑똑한 사람만 사랑해왔으니까 그 말을 듣는 편이 좋을 것 같아요.

나는 당신이 무슨 말만 하려고 하면 딱딱해져요. 무슨 말이 하고 싶은지 머리보다 몸이 먼저 아는 것처럼요.
어디까지나 수습 가능한 정도로만 사랑하고 사랑받을 수 있게 된다면 좋겠는데, 저는 이번에도 습관처럼 사랑만 하다가 망하겠죠. 원래 이런 예감은 틀리질 않잖아요.

알 만큼 알았고 할 만큼 한 것 같아요. 맞지도 않는 신발을 신고 여기까지 잘도 왔네요. 가시는 길 외롭지 않게 후회나 미련 같은 걸 챙겨드리고 싶었는데, 제가 가질 것도 없어서 죄송해요. 추억 같은 건 떠올리지 마세요. 그렇게 도움이 안 될 거예요.

저는 일단 집으로 돌아가서 큰 물통에 물을 가득 채워놓고, 목이 마를 때마다 마시면서 가슴에 구멍이 뚫릴 때까지 울려고 마음을 먹었죠. 울음은 이별에 대처하는 아주 오래된 관습이에요.

제가 아직도 지난해 집을 나간 고양이를 생각하면서 슬퍼하는 건, 그 녀석을 떠나보낼 때 울지 않았기 때문이랍니다. 살집 아래 멍울처럼 잡히는 이별에는 좀처럼 약해지지 않을 수 없어요. 이제는 그걸 위로해 줄 사람도 없겠군요.

제 걱정은 하지 않으셔도 돼요. 사랑 때문에 죽을 만큼 나는 어리거나 연약하지 않습니다. 굳이 예측해보자면 나는 고독을 못 견뎌서 죽을 것 같아요. 대수롭지 않게 하는 일상적인 말들에 치여 죽을 건 너무 무섭거든요. 한날한시에 죽자는 약속은 아직도 유효한가요?

그동안 보잘것없었던 제 하루를 보아주셔서 감사합니다. 한동안은 당신이 하는 일마다 꼬이고 뒤엉켜서 괴로웠으면 좋겠어요. 뒤돌아서면 억지로라도 당신을 생각할 일이 없겠지요.

 이제 다시는 서로에게 연루되지 말아요, 우리.

같이 밥 먹으면 나는 젓가락질도 못나게 하고 툭하면 흘리고 그랬는데 너는 매번 닦아주고 빨아주고 다시 쥐여주고 웃어주고 그랬지 그냥 생각났어 혼자 밥 차려 먹고 나니까 밥상이 너무 더러워서…….

내가 내 뒤치다꺼리는 할 수 있는 인간이라 너무 다행인 거 있지

사는 게 잘 안 돼도 이제 너를 탓하는 일은 없을 거야

3부
언뜻 나를 떠올려 주기를

나는 다 떨어진 책 굶주린 괴물 만성적 병증 화한 열 찰나의 백일몽 지나는 계절 기우는 달 어설픈 섹스 파도의 포말 본능에 충실한 투견 배를 까뒤집은 물고기 수식의 이중 괄호 괴사한 살덩이 단발성 비명 어느 시인의 염세

  그리고 당신의 애인

나는 이따금 수면 위로 올라와 호흡하는 어떤 동물을 닮아 습관처럼 자주 우울해

혀 밑에서 녹지 않는 설탕 가루 같은 것들이 있어
가끔씩 알아차리기도 전에 목 뒤로 꼴깍꼴깍 넘어가는 것들
잘라낸 바늘 끝을 삼킨 것처럼 내장을 떠돌면서 상처를 내다가
결국에는 죽음에 이르게 만드는 것들

그런 종류의 우울

당신을 포함해서
내게 아프지 말라고 하는 사람들은 다 나보다 아픈 사람들

간을 보고 말고 할 것도 없어요
당신의 상처를 보고도 당신을 원망한다는 건 너무 무책임한 짓 같거든요
아직 그 정도로 악독해지지는 못했거든요
손가락에 걸려 빠진 머리카락이나 부러진 손톱만도 못한 사실들에도 울컥하는 걸요

말해주세요
어떻게 하면 그렇게 아플 수 있죠
어떻게 하면 그렇게 상처받을 수 있죠

세상에서 가장 심각한 상처를 받고 싶어요
내 인생이 무너지는 꼴을 보여주면서 가슴 아파하는 모습을 보고 싶은 사람이 너무 많아요

혼자 취해서 절절하고 눅눅한 얘기할 거면 술을 사주고 하든가 담배를 사주고 하든가 용돈을 쥐여주고 하든가 귀마개라도 끼워주고 하든가 뭐라도 좀 해요 그렇게 자기 할 말만 실토하고 내가 깔아준 이불 속에 기어들어 가서 처자면 기분이 좋지요 어떻게 그렇게 이기적이에요

눈이 있으면 좀 보시던가요 개가 된 거지 장님이 돼서 온 게 아니잖아요 제가 얼마나 피를 뚝뚝 흘리고 있는지 무리하게 입을 벌려가면서까지 씹어 삼키려는 게 뭔지 손에 쥐고 놓지 못하는 게 뭔지 그런 것들에 대해서 좀 궁금해 보시라는 말이에요 왜 그렇게 제 속을 못 들여다봐서 안달이세요 죽겠어요 죽을 것 같다고요 내 우울의 깊이를 가늠이나 하시냐고요 가슴을 열어서 직접 눈앞에 들이밀어도 못 본 척하실 거면서 다 아는 것처럼 단내 나는 말로 꼬시지 마시라고요 제가 다 알면서 속아주고 있다는 거 아시잖아요

저 숨 막혀요
울잖아요 자꾸
아무래도 원망이나 미워하기만 하는 일에는 한계가 있을 것 같아서 다시 말할게요
저 아직 시작도 안 했어요

연초에는 그해 안으로 버림받고 싶은 것들에 대해 생각한다. 락스를 부어도 자꾸 벽을 타고 기어오르는 곰팡이 같은 것들. 수없이 실망시킨 기대의 끈질김 같은 것들. 가진 적도 없는데 버려야만 하는 것들.

미워할 준비는 아주 오래전부터 시작했는데 언제부터 터놓고 미워할 수 있을지는 잘 모르겠다. 비가 쏟아지기 시작하면 나도 뭐든 쏟아내야 할 것 같아서 장마철에는 항상 많은 것들을 떠나보내려다 가슴팍에 묻고 돌아온다.

어쩌다 깊이, 또 길게 알게 되는 인연들은 마치 실을 감다가 영영 풀 수 없는 매듭을 맞닥뜨리게 된 것 같다.

나는 잘 사라지는 사람들을 알아.
내가 잘 그리워하니까.
떠나보내지도 않았는데 떠난 것들의 자리는, 언젠가 걸음을 돌려 내게 다시 돌아올까 봐 함부로 채울 수도 없지.

매듭을 단단하게 묶어 포장한 사연들이 많다.
가장 연약한 마음을 가져서 가장 단단할 수 있었던 모순들
하나같이 누군가 들추고 열어봐 주기를 고대하고 있다.

보람 없는 기대가 가장 무너지기 쉽다고 말하던 이도 있었다.
그런 말 할 시간에 한번 찔러나 봐주지.

정도 없는 치기에 도취한 나는 밑도 끝도 없이 아프고 싶었고, 내심 불행이나 불친절 같은 것들이 내 이름보다 먼저 튀어나오길 바랐다.

내가 아플 때마다 입에서 피가 뚝뚝 떨어졌으면 좋겠어.
아프다 말하기도 전에 남들이 먼저 알아서 호들갑 떨어줬으면 좋겠어.
이제 그만 뚝 하라는 게 핏물을 말하는 건지 눈물을 말하는 건지 아무도 몰랐으면 좋겠어.

제대로 이룬 것도 없이 바람과 비슷한 것도 되지 못할까 봐 안달복달했던 밤들.
요즘에는 그러지 않아도 매일 술먹시 깬다.

왜 이렇게 삶이 엉망진창인 걸까 생각해봤어.
내가 하도 어정쩡한 걸 좋아해서 그런가 봐.
끝장을 볼 거였으면 아주 끝장을 봤어야 했는데, 몇 번이고 망설이다 어정쩡하게 취해서 친 사고들이 내 인생을 이렇게 만들었나봐.

너는 내가 무슨 말을 하는지 알겠니?
내가 지금 어떤 감정인지 이해하겠니?
너무 억울하고 안달이 나서 복장 터지겠는 이 기분을 알겠단 말이야?

그렇다면 우리는 말이 좀 통할지도 모르겠구나.
그런데 왜 반갑지가 않을까…….

심심한 사과로 시작했던 아침 하늘이 지나치게 흐렸을 때부터 조짐이 좋지 않았다는 걸 빨리 알아차렸어야 했는데

걸어오면서 여러 생각을 했는데 현관문을 열고 들어와 젖은 옷을 빨래통에 쑤셔 넣는 순간 전부 잊어버린 것 같다 보나마나 습관처럼 외우는 어려운 말이나 예고도 없이 찾아오는 좆같은 상황이나 내 의사는 묻지도 않고 타고난 것들에 대한 숱한 불만 중 하나였겠지

몸이 식어 턱이 맞부딪히는 소리는 서늘한 빗소리만 간간히 스며드는 베란다에 소요를 이끌어내기에 충분했다 나는 그냥 단순하게 체온이 필요했던 건지도 모른다 몸에 지닌 것으로는 모자리서 계속 남의 몸을 파먹고 열을 빼앗고 그랬는지도 모른다 감기에 걸리면 좋을 것 같다 열이 올라서 바닥에 머리만 붙여도 울고 뭐든 토해낼 수 있으면 좋을 것 같다 내 과제는 언제나 잘 살아내는 것이었지만 끝내는 냉장실 깊은 곳에서 물러터진 과일보다 못한 처지가 되었다

슬픈 이유를 알지 못한 채 슬프다는 것 우울한 이유를 알지 못한 채 우울하다는 것 지치는 이유를 알지 못한 채 지친다는 것 죽고 싶은 이유를 알지 못한 채 죽어간다는 것

무엇 하나 녹록치가 않다
무엇 하나 온전한 축복이 되어주는 게 없다
폭력적인 계절은 손목 안쪽에 착색되어
좀처럼 가시질 않았다

무거운 가방을 메고 종일을 보내다 집에 와서 거울을 마주하면 이따금 어떤 짐승에게 집요하게 물리기라도 한 것처럼 양어깨가 벌겋게 부어있고는 했다

하루치의 짐
숨 쉰 날만큼의 무게
그 정도는 누구나 버티고 있다면서
신호를 기다리던 당신의 옆얼굴

가끔 보면 사람들이 혀를 차며 찾는 하늘보다
당신이 더 무심한 것 같아

눈물도 목 뒤로 삼켜낼 수 있다면 좋았을 걸 그랬지
빨개진 코끝을 감추고 싶어서
자꾸만 안으로 굽어드는 고개만큼
나는 얼마나 극적인 해후를 바랐던 걸까

습한 날 아침에 머리맡 창가를 보면 손자국이 덕지덕지 붙어있어서, 그게 다 지난 밤 내 절망과 절규 같아서 마음이 쓰였다.

어떻게 해야 잘 사는 건지 모르겠어. 왜냐면 내 인생은 여태껏 단 한 번도 내가 바랐던 대로 된 적이 없거든.

우리 그냥 도망칠까?
아무도 모르는 곳에 가서 엎어둔 액자처럼 조용히 죽어버릴까?

왜 라는 말로 시작하는 숱한 질문들,
난 그게 싫었어.

어떤 기미나 징후도 없이 나는 천천히 죽을 거야.
아주 천천히 아무도 눈치채지 못할 속도로.
그러다 보면 어느새 나는 내 의지와는 상관없이 죽음으로부터 가장 오래 버티고 있는 사람이 될지도 몰라.

비가 거꾸로 내려도 전혀 개의치 않을 세상에서
뭐라도 남겨보겠다고 발악하며 살다 보면
늘었다는 소리를 듣는 건 고집과 욕심밖에 없다

너무 가혹해지지는 맙시다
서로가 아니면 누가 우리를 보듬을 수 있겠어요

마음씨 예쁘고 영리한 사람이 어느 날 불쑥 말도 없이 내 삶에 끼어들어서 내가 얼마나 치열하게 하루를 버티고 있는지 증명하지 않아도 좀 알아주고 배배 꼬인 사람만 보면 욱하는 내 성깔도 성의껏 변호해줬으면 좋겠어

하루 종일 변명거리를 만들고 찌그러진 얼굴들 앞에서 주구장창 변명만 하다가 지나는 삶

내가 맨날 이렇게 좆같이 살려고 구구절절한 시나리오까지 만들어가며 도망할 궁리만 하는 줄 아니 변명은 원래 만들어놓고 저지르는 게 아니라 저질러놓고 적당한 걸로 골라 가져다 쓰는 거야 처음부터 변명이었던 사연이나 줄거리가 어디 있겠어

멍청하면 정도라도 있든가
아 예의상 하는 말 밑도 끝도 없이 물고 늘어지는 새끼들은 다 다음 생에 자라로 태어났으면 좋겠다

장마전선에 이마를 맞댄 듯
비는 오가는 사람들의 사정을 고려해주지 않고

챙겨온 우산이 비가 샌다는 사실은
뿌연 빗속을 걸으며 우산을 썼는데도
자꾸만 엉겨 붙는 머리카락 때문에 알았다

날이 왜 이렇게 흐렸을까
수증기에도 사람이 익사할 수 있을까

왜 죽을 것 같기만 하고 죽지는 않을까

가령 소중한 사람과 노력은 절대 배신하지 않는 세상에 살 수 있었다면, 우리는 조금 덜 울고 조금 더 웃을 수 있는 생을 보냈을지도 모르겠습니다.

하나같이 '차라리'로 시작해서 '좋았을 걸'로 끝맺는 후회들.

꼭 죽을 것 같다고 소리 내어 말하는 일이 이렇게 어렵습니다.
나는 죽어서 하얗게 썩고 난 다음에야 죽을 것 같았다고, 그래서 나는 이렇게 죽었다고 말할 수 있을 것 같아요.

선생님, 제가 그 애를 가르쳐주는 이유는 제가 백날 가르쳐도 그 애는 저보다 못할 것을 알기 때문이에요.

저보고 약았다고 하셨어요?
언제는 착해빠졌다면서요.

저는요, 저보다 잘나고 돈 많고 똑똑한 새끼들이 제일 싫어요. 저열하고 찌질한 거 아는데요, 그런 애들이 울 때 가슴으로 품어주는 게 잘 안 돼요. 맞아요, 사실 다른 애들한테도 그래요. 내가 제일 불행했으면 좋겠어요.

남보다 내가 손톱만큼이라도 더 불행해야 직성이 풀리는 이상한 습성을 타고난 모양이에요. 고친다고 고쳐지는 게 아닌 것들은 비극적으로 살기에 딱 좋죠.

저더러 금방 죽을 거라고 하셨던 거 기억하세요?
하마터면 선생님 덕분에 이름도 없이 죽을 뻔했잖아요.
그때 그 말 듣고 뒤에서 선생님 욕 많이 했었는데.
저 많이 컸죠?

질 나쁜 버릇이 늘었어요.
그럴싸한 말만 골라서 남 골탕 먹이길 좋아하는 것도 어쩌면 그중 하나인 것 같아요.
가급적이면 아무 생각도 하지 않고 하루를 견디려고 하는데,
언제나 하려는 것들만 잘 되지 않고 그래요.

근데요, 선생님.
그래서 저는 대체 언제 죽는 걸까요?
저 왜 아직도 호흡 할까요?
왜 아직도 시퍼렇게 살아있을까요?

선생님이 말하는 금방은 대체 언제쯤 찾아올까요.

목구멍 뒤로 넘긴 쌀알 숫자가 늘어나면 뭐하니.

따라 느는 것들이라고는 나쁜 버릇, 변명, 잔머리, 욕심, 후회나 네 생각처럼 겉보기에만 좋고 예쁜 것들뿐인데.

먹고 체한 눈칫밥이나, 남의 심기를 거슬러서 갈빗대를 차인 이야기 같은 건 뭐 잘났다고 자랑하고 다녀? 쪽팔리게.

가르쳐 줄 사람이 없어서 혼자 살아남았다는 건, 우쭐할 일이 아니고 안타까운 일인걸.

내 우울을 고급스러운 언어로 해석하는 것도 이제는 지치고 질린다 안아달라고 품을 파고들고 문지르고 서로를 잡아먹을 듯이 삼킨다고 해서 괜찮아지는 건 하나도 없다 참았던 눈물이 갑자기 터지는 것도 아니고 그냥 내 우울에 옮은 사람이 하나 더 늘어날 뿐이지
　괜찮다고 대답 했을 때 정말로 괜찮았던 적이 몇 번이나 되었을까 나는 단순히 내가 사랑하는 사람들과 살기 위해 너무 많은 품을 들이고 있는지도 모른다
　이제는 흔히들 말하는 마음의 짐이 없으면 몸이 너무 가벼워져서 이 땅에 발붙이고 서 있을 수가 없을 것 같다 이제 내가 가진 짐들은 야단스러운 바람에 솟구쳤다 천천히 추락하기를 반복하는 비닐봉투처럼 청승맞게 살지 않으려면 없어서는 안 되는, 없을 수가 없는 어떤 것이 되어버린 모양이다
　어쩌면 천천히 망가지는 게 나의 유일한 과업인 것 같기도 하다
　충분히 울었으니 이제 다시 웅크리고 앉아서 풀린 나사를 하나씩 조여야지

뭘 해도 망한다는 걸 알면서도 억지로 오늘을 살고 있는 이유는 적어도 나만 이렇지는 않을 거라는 맹신 때문이다.

아주 어렴풋한 기억들이 시간과 맞물려 있다. 매년 이맘때 세운 계획이나 약속들은 대부분 지켜지지 못했다는 걸 알아서 이렇다 할 마음가짐도 설레발도 없는 채로 또 한 해를 보냈다.

이제는 차라리 서로 엮을 새끼손가락들이 없었으면 좋겠다.

떨리는 손끝으로 이불자락조차 쥐기가 어려울 때
나는 종종 기도하는 마음으로 혼자서 손깍지를 꼈다
뼈마디에 뼈마디를 맞추어 넣고 울었다

조근조근 속삭이는 것들은 그 누구의 귀에도 들어가지 못해서
끝내는 기도가 될 수 없었다

나와 닮은 사람을 경계해야지
앞에 섰을 때 나도 모르게 '알 것 같아요' 따위의 말이 나오는 사람을
경계해야지
오랜 시간 보지 못하면 소식이 궁금한 사람을 경계해야지

누군가 생각나는 자리에 내가 홀로 눈물겹지 않도록
그 누구도 너무 사랑하게 되지 않도록

조금만 더 노력하면 될 것 같다고 말하지 말아 주시겠어요,
그렇게 말씀하시면 제가 꼭 노력해야 할 것 같잖아요.
노력하면 정말 그렇게 돼버릴 것 같잖아요.

왜 그렇게 제가 매사에 간절하길 바라세요?

열 시간 남짓 죽은 듯이 자고 일어난 어제보다 한 시간도 깊이 잠들지 못하고 뒤척인 오늘에 더 애정을 느끼는 까닭을 떠올릴 수 없다 살다 보면 이런 날도 있고 저런 날도 있다든지 사람 사는 일이 다 그렇다든지 하는 말로 철저하게 무장하고 1.8배속으로 재생되는 영화처럼 빠르게 인생을 스킵 할 수 있었다면 나는 속도 없이 하고 싶은 것만 하면서 하루를 마무리했겠지

나를 죽이려는 이도 없는데 살려달라 빌고 싶고
나를 아프게 하는 이도 없는데 약을 먹고 싶고
나를 서럽게 하는 이도 없는데 서러워 죽고 싶고
나는 무기력하기도 하고 무력하기도 하고

그냥 나 한 번만 죽어보면 안 돼요? 안 죽어봐서 죽고 싶다고 지랄을 하는 건지 아니면 정말 죽어서 다시는 깨어나기 싫어서 난리 부르스인 건지 좀 알아나 보게요

열다섯의 가을 무렵에 더 이상 가장 날 것의 나를 사람들 앞에 던져주면 안 되겠다는 생각이 들었다 왜냐하면 피라냐 같은 것들이 떼 지어 다니면서 풀어 쓰면 손가락 두 마디도 안 될 말로 나를 집요하게 쫓아다니고 물어뜯을 게 슬슬 피곤해졌기 때문이다 그렇게 묶인 꼬리표가 내 뒤를 질질 끌려다니다가 오물과 흙먼지에 꼬질꼬질해져서 내 주변까지 먹칠을 하고 다닐까 봐 걱정을 하는 것이 슬슬 피곤해졌기 때문이다

 안전하고 안정적인 인생을 살기 위해서는 긍정과 편견을 껴입고 남들과 다르지 않은 척을 해야 하는구나 그렇게 살기 시작하니까 허리춤에 꼬리표가 아니라 기내기 걸리는구나 그게 무슨 훈장이라도 되는 것처럼 나 아닌 다른 사람들이 내가 가진 기대들을 떠벌리고 다니는구나
 없는 눈썰미로 사람을 거르고 입단속을 시키는 것보다 실과 바늘을 챙기는 것이 빠르겠다 싶어진 건 그때부터다

 그렇게 혼자 북치고 장구 치는 인간들 사이에서 살아남다가 과거로 돌아갈 수 있으면 무얼 하고 싶냐는 질문에 자살하려던 때로 돌아가 자살에 성공하고 싶다고 말하는 사람을 만나버렸다 내가 하고 싶었던 대답도 저런 종류 아니었을까 내 마음도 사실은 남이 듣든지 말든지 지 좆대로 뱉을 수 있는 아가리가 필요하지 않았을까 너무 오랫동안 내면을 외면하고 살았더니 어느새 껍데기만큼은 완전한 타인이 되어 있었다

좀 더 일찍 솔직해질 필요가 있었던 거지

잘 살려고 했던 짓 때문에 비참해질 줄은 몰랐고 가장 비굴한 실수가 내 인생 전체를 곤란하게 만들고 있다는 사실이 아직도 나를 자주 울게 만든다

모르면 떠들지 말라는 말은 의미가 없다
걔들은 자기가 뭘 모르는지도 모르고 산다

배려라는 것이 없지
제 싫은 티 하나 제대로 간수 못 하고
친절한 거절을 불친절한 승낙으로 이해하는

존재 자체가 재난인 새끼들
계속 떠벌떠벌 하고 다니다가 넘어져서
그대로 갈비뼈 두 대가 나가고 코가 깨졌으면 좋겠어

이렇게 하고 싶은 말 다 하면서 살면
어떤 부류는 내가 지들보다 잘난 줄 안다
앞으로도 계속 그런 줄로 알고 살았으면 좋겠다

그렇게 날들은 가더라 내가 아무리 난리 부르스를 쳐도 갈아 마신 기억이라든가 파묻은 추억 같은 것들은 각자의 속도로 빛이 바래고 나만 어리숙하고 부주의해서 무릎을 깨 먹는다

이런 걸 불안이라고 하고 이런 걸 초조라고 한다는 걸 나는 그 두 가지 시침핀에 꿰뚫려 아무것도 하지 못하고 표본실의 애벌레처럼 박제되어 있다는 걸…….

더 서럽지 않기 위해서는 녹슨 라이터 휠만 딸각이는 저녁을 안타깝지 않게 여기는 방법을 찾아내야 했다

다 끝난 구질구질하고 때 묵은 사설을 팔아서
내 눈 밑에 찍어 바를 남의 눈물 두어 방울 정도 살 수 있다면
나는 그걸로 부족함 없이 잘 먹고 잘살 수 있을 것 같아

나는 내가 얼마나 잔인한지 알고 있어서
그만큼 다정해져야 한다고 생각했어
그래야만 그 누구도 쉽게 상처 주고 상처 입지 않을 것 같았지
자랑은 아니지만 내 판단은 틀린 적이 없어

누구나 자기 몫의 다정이 있어
그 덕에 우리는 치사량의 슬픔도 견뎌낼 수 있지

허구한 날 내가 성의 없다고 지랄만 하지 말고
네가 나 좀 간절하게 만들어봐
배가 불러서가 아니라 속이 터져서 하는 말이야

너는 가진 것도 많으면서 무슨 욕심이 그렇게 많니
죽을 때 다 가지고 죽을 것도 아니면서

어쨌거나 나는 너를 위해서 내가 더 좋은 사람이 될 마음 같은 건 없으니까 실없는 기대 같은 건 진작 집어치우고 우리 같이 체념하는 법부터 배우자

늦장 부리지 마 나중은 너무 늦어

본의 아니게 나의 바닥을 보이고 온 날에는
손끝에 피가 돌지 않아서 오랫동안 주물러줘야 했어요

왼손으로 오른손을
오른손으로 왼손을

사람에게 손이 두 개인 이유는
서로가 서로를 돌보아야 하기 때문이에요

내 마음은 딱 내 신발 사이즈 같았어. 발볼에 맞추면 길이가 안 맞고 길이에 맞추면 항상 뒤꿈치가 빠지는. 어느 장단에 맞춰서 춤을 춰야 할지 알 수 없어서 소심하게 발장단만 맞추는 게 최선이었던 거 같아.

이제는 정말로 싫어서 싫어하는 건지, 싫어해야 할 것 같아서 싫어하는 건지 알 수가 없어. 절절한 건 싫다면서 왜 굳이 애틋한 단어들만 골라 두고두고 써먹느냐고 물으면 내가 할 수 있는 말은 '글쎄'나 '잘 모르겠다'처럼 대답 같지도 않은 것들만 튀어나올 것 같아.

지나가는 사람 붙잡고 계속 이렇게 살아도 될 것 같은지 물어볼 용기가 안 나. 이건 내 사회성을 운운할 문제가 아니야. 내가 사랑했던 사람들도 나를 보면서 죽을 것 같아 했는데, 그걸 두고 볼 수가 없어서 사랑이고 나발이고 다 때려치우게 됐는데 생판 남이 보면 어떻겠어. 얼마나 장관이겠어.

옆에서 그렇게 독촉하지 않아도 충분히 골몰하고 있어. 이대로 죽을 수는 없으니까.

물을 잔뜩 먹은 스펀지처럼
조금만 눌러도 울컥 넘어올 것만 같아요

배가 고프지 않냐고 다정하게 다가와서
나를 물 먹이는 사람들
물귀신 같은 사람들
나를 가만두지 않는 사람들

나는 잘래요
저번 주에 선물 받은 향수를 희석해 마시고
아무도 나를 죽일 수 없는 곳으로 향기롭게 도망길레요

사는 게 좆같은 건 이미 기정된 사실인데 늘 납득이 안 되는 게 문제였다 남들이 같지도 않은 소리라고 하는 것마다 일이 잘 풀리지 않아서 내가 아무리 날고 기어도 결국에는 남한테 휘둘리는 인생이 되겠구나 직감했다 외롭다는 말에 기역자를 더하면 괴롭다는 말이 된다고 말하면서 내 안에 결핍 또는 결여되어있는 무언가를 채울 수 있을 거라고 생각했었는데

그만둬야겠다 손대는 것마다 망해서 이제는 다 못 해 먹겠다
뭐라도 만들어보겠다고 해보겠다고 온갖 지랄을 하면서 갖다 붙이던 일들 이제 전부 때려치우고 하루빨리 마음을 접어야겠다

아니 사람으로 흥해서 사람으로 망할 거라니요 그런 말 함부로 하는 거 아니에요
제가 사람들을 얼마나 싫어하는데요

궁상은 시간 많고 돈 많은 사람들의 전유물이라면서
나는 둘 다 자격 미달인데 왜 이렇게 궁상떨기를 잘할까

이해한다
알 것 같다
말버릇이 돼서 이제는 진짜로 내가 다 이해하고 아는 것 같아 좆도 모르면서

작은 방에 아끼는 책들을 사다 넣고 물을 채우고 싶다
거기에 빠져 죽고 싶다

제일 잘하는 건 스스로를 천재라고 치켜세우다가 실망하기
아슬아슬한 짓만 골라 하다가 정말로 위태로워지기
다만 어깨를 늘어뜨리고 웃고 울고 구르는 인생 살기

진화에는 방향성이 없대
잘만 하면 귀 뒤에 빠끔빠끔 간헐적으로 여닫히는 붉은 숨구멍이 생길지도 모르는 노릇이지
세상살이 죽기 아니면 까무러치기지 뭐

언제든 나를 떠날 수 있는 사람들에 대해 생각한다. 내 인생이 지나는 속도가 너무 빨라서 그에 비하면 남들의 시간은 흐르기는커녕 눈가나 입가의 주름 서너 줄과 맞바꾼 게 아닐까 생각했었는데.

나도 이제 심심찮게 부고를 들을 나이가 되었나 보다.

좋지 않은 일은 대개 한꺼번에 일어나고 나는 오늘 믿었던 낡은 운동화에 뒤꿈치가 다 까졌다. 죽는다는 게 얼마나 강렬한 단어인지에 아는 사람이 있었으면 좋겠다. 최근에는 아주 슬퍼서 살 수가 없다.

검은색 옷을 한 벌 사야겠다.
이제는 그 옷을 입어야만 만날 수 있는 사람도 있을 것 같다.

우울하면 빗소리를 들었다 그러면 쩍쩍 갈라진 내 마음을 적시고 뭉쳐서 뭐라도 만들어볼 수 있을 것 같았고 막상 비를 보내고 나면 남은 건 축축한 먼지 덩어리 같은 것들뿐이었다 그렇게 말라붙은 것들은 씻기지도 않고 내 손톱이나 발톱 밑에 자리를 잡아 기생하면서 하루빨리 글쟁이 흉내를 그만두자고 부추긴다

 초등학교 시절에 담임 선생님이 일기가 쓰기 싫으면 시를 써오라고 했어 어쩌면 그게 내 불행의 시초였는지도 몰라 글도 아니고 시도 아닌 것들을 적어내도 손바닥을 맞지 않았던 것, 정성스러운 무성의에 익숙해졌던 것, 글자를 많이 적는 게 싫어서 줄이고 줄이다가 결국에는 아무것도 담지 못하는 함축을 만들어냈던 것

 너무 많은 단문을 용서받는 바람에 나는 더 이상 글을 오래 붙잡고 쓸 엄두가 안 나

나는 죽고 싶다는 말이 도무지 어려워서 종종 집에 가기 싫다고 말했다
 나는 가끔 네가 죽지 말라는 말이라도 해줬다면 고독한 내가, 작은 우리가 좀 더 오래 버틸 수 있지 않았을까 생각한다

나 어렸을 때 말이야 '표류'랑 '포유류'라는 단어를 자주 헷갈렸어 선생님한테 물어보니까 조곤조곤 설명해주시고는 마지막에 '포유류는 표류하는 존재란다' 하시는 거야 그때도 지금도 무슨 의미로 그런 말씀을 하셨는지는 모르지만 그 뒤로는 그 두 단어를 헷갈리지 않게 되었어 좋은 쪽으로 생각해보려고 해 덕분에 비슷하게 생긴 단어를 얼렁뚱땅 연결 지어보고 좋아하는 취미가 생겼으니까

어떻게 사람이 자기 사는 거 일일이 해석하고 의미부여 하면서 살겠어 싫어도 입에 발린 사과 좀 해주고 합리화하는 법도 배우고 마음에 안 들면 잊어버리기도 하면서 대충 살고 그러자 세상에는 너무 무던해서 문제인 인간들이 좀 필요해

어떤 일에 몸이 쉽게 익숙해진다는 것은 언뜻 보면 재능처럼 생각될지 몰라도 사실은 지독한 저주라는 걸 소중한 것들을 여럿 만들고 잃는 과정 속에서 뼈아프게 배웠다. 무엇이든 새로 들어와 자리를 잡는 일이 잉크가 번지듯 너무 자연스러워서, 예기치 못하게 자리가 비어버리면 그 자리에 대신 기어들어 간 공허를 너무 크게 느끼게 되는 것이다.

금방 떠날 것들에게 느끼는 익숙함만큼 서글픈 것이 또 없어.
내가 이렇게 쩔쩔매면서 동정하지 않고는 못 배길만한 얘기를 해도, 모르는 사이 자라난 손톱이 부러지도록 세게 붙잡아도 어차피 갈 것들은 다 알아서 떠나가니까.

내 안에는 완결된 문장이 없어서
밖으로 내어 보여줄 것도 없었다
입 열면 쏟아지는 게 더운 숨뿐이더라도 노래를 배워둘 걸

비참해지지 않기 위해 잠을 청했던 날들은
유난히 밤이 길고 추워서 몸을 웅크려야 했고
그렇게 쌓인 시간들은 한참 뒤
내 굽은 어깨뼈를 설명하는 데에 쓰였다

내 비명은 듣는 이가 없을 때 가장 아름다울 것

뭐 좀 부탁해도 돼?
대신 살아줄 사람을 찾고 있어.

사는 게 지겨운가봐.
뭘 해도 재미가 없네.
다 비웃기고 지겨워서, 가장 선연한 건 괴롭거나 슬프거나 하는 게 고작이야.
나는 '고작' 같은 걸로 살 수 있을 만큼 소박하지도 않고.

나는 더 이상 아무것도 보고 듣고 싶지 않아.
그러니까 나 대신 보고 들어줘.
나 대신 좀 살아줘.

넌 내 부탁이 없어도 잘만 살 텐데,
그 앞에 '대신'이라는 말 하나 붙여주는 게 그렇게 어려워?
내가 이렇게 계속 권태롭게 살았으면 좋겠어?

사람이 드나들면 그곳이 집이 되듯이 칼이 드나들면 그곳은 칼집이 된다. 칼집은 어떻게 그렇게 수많은 날을 견딜 수 있었을까. 영영 아물지 못하는 흠집이 되기로 마음을 먹으려면 대체 얼마나 많은 눈물을 흘려야 하는 걸까.

나는 내가 집이라는 생각을 해본 적이 없다. 그건 네가 그렇게 문지방이 닳도록 드나들어도 너에게 내어 줄 작은 공간 하나 마련하지 못해서이기도 했고, 네가 영영 그곳에 머물 것 같지 않아서이기도 했다.

많아야 한 달에 한 번, 길어야 하루 이틀 머물다 가는 도피처에 집이라는 이름을 붙이게 되면 언젠가는 집에 가기 싫다는 말을 듣게 될 것 같았다.

제발 일 절만 하자.

불안은 사실 어디에도 있었다.

잘게 떨리는 눈꺼풀 뒤에도, 치아로 깎은 손톱 밑에도, 질질 끌리는 신발 밑창이나, 작은 우울이 세상을 등지고 있을 것 같은 옷장 속에도.

그런 데 예민하면 작고 가벼운 근심을 못 본 척하는 데에도 점점 소질이 없어진다. 자꾸 풀어지는 신발 끈을 다시 묶어주고, 뒤돌아서면 떨어지는 옷가지들을 대신 옷걸이에 꿰어주는 것. 끼니를 챙겼는지, 오늘의 기분은 어떤지 질문이 오고 갈 때만큼은 온 신경을 쏟아주는 것.

아프지 맙시다.
마음대로 안 되는 일이라는 거 알지만.

나는 나를 잘 모르는 사람들이 나에 대해 이야기하는 걸 정말 싫어해. 걔가 하는 말이 어떻고 행실이 어떻고 나한테 어떻고 남한테 어떻고 웃을 때 어떻고 화낼 때 어떻고 보던 책이 어떻고 입버릇이 어떻고 손버릇이 어떻고 지갑이며 가방이 어떻고 신발이 어떻고 이러쿵저러쿵……. 없는 말 지어내는 데 천부적인 인간들이 왜 방에 틀어박혀 소설을 안 쓰고 내 주변에만 들끓는지 알 수가 없다.

내 자랑은 인터넷에 검색만 하면 쏟아지는 말들을 주워다가 카피킬러에 걸리지 않을 말들로 재구성하는 것. 신발 끈이 잘 풀리지 않게 묶는 것. 삼천사백오십 원으로 하루를 해결할 수 있는 것. 내가 찍어준 사진으로 프로필을 바꾸는 모습을 보면서 뿌듯해 할 수 있고, 보는 눈이 많은 곳에서 지어낼 이야기가 있다는 것.

내가 얼마나 잘났는지 따지고 비교하고 근거도 없는 수치 자료 만들어서 입 털고 다닐 필요 없어. 나는 시궁창 같은 단칸방에서 서울 쥐랑 친구 먹고 살아도 너네보다 잘났으니까.

마음에도 없는 소리를 하면 속에서 없는 걸 만들어 꺼내야 하니까 몸이 조금씩 망가지나봐

그래서 내가 이렇게 다 죽고 입만 살았나봐

몇 날을 아파서 어디도 가지 않고 죽은 듯이 잠만 잤을 때
손가락이 뚝뚝 떨어져 나가서
썩은 물 위를 죽은 물고기처럼 둥둥 떠다닐 것 같았어

지금도 손가락은 멀쩡해서 자판을 잘도 튕기는데
손목 안쪽에서는 계속 파도가 치니까……
있지, 내가 혹시 시커먼 입을 벌린 바다였을까 봐 무서워

몸을 웅크리고 먹은 것을 쏟아내다 보면
내가 저지른 모든 것들에 당위가 생길 것 같았어

나태함을 시리얼처럼 씹어 먹을 수 있다면
나는 평생 굶어 죽지 않을 텐데

단 한 번도 내게 도움이 된 적 없는
시체에 가까운 신체

고개를 조금만 더 숙였으면 떨어지는 눈물방울을 포착할 수 있었을지도 모르지.

눈물도 꿀에 물이라고 우는 사람을 천천히 침식시키는 힘이 있어서 위험하니까, 빠질 때는 빠지더라도 함부로 깎여나가지는 말자. 어쩌면 이런 것도 전부 하나의 의미 아니겠니.

상처의 의미를 안다고 해서 상처가 그 자리에서 씻은 듯이 나아지는 건 아닌 걸 알면서 왜 언제까지고 괜찮지 않아도 된다는 말을 해주는 사람들은 왜 하나도 없을까.

다 나은 줄 알았던 그 상처가 언제 어디서 갑자기 쑤시고 아프더라도 전혀 이상할 게 없다는 걸 설명해주기로 되어 있었던 사람들은 다들 지금 어디서 뭘 하고 있는 걸까. 저런 것들은 근무 태만으로 싹 잘라버려야 돼.

지극히 개인적인 일들에까지 보편적인 가치를 적용할 필요는 없다는 게 지금까지 살면서 습득한 별 볼 일 없는 교훈 중 하나다. 편하게 살자.

열심히 살려고 발악하는 사람들과는 정서적으로 잘 맞지 않는 것 같다
그 사람이 내가 못 알아들을 소리만 해서 그런 걸까
뭐든 다 대충인 내 인생이 돌이킬 수 없게 무너지라고 뒤에서 사주하고 있을 것 같아서 그런 걸까

사람이 이유 없이 불편할 수 있을까
이유 없이 싫을 수 있을까
그래도 되는 걸까

내가 모든 사람에게 좋은 사람이 아니어도 괜찮은 것과는 별개로, 당신이 모든 사람에게 좋은 사람이 아니어도 괜찮은 것은 아니겠지만

이상하게 나는 당신이 기뻐할수록 아니꼽고
무슨 수를 쓰는 것도 아닌데 어떻게 사람이 저렇게 치사할 수 있지 하는 생각이 불쑥불쑥 튀어나오고
그럴 수 있지 생각하며 살다가
너무 많은 것들을 그냥 스쳐 보낸 듯한 기분이 들어

지금 내가 하는 자책이나 고백들은 아마 슬슬 바닥을 보이는 진실성과 대부분의 비약으로 해석될 것이 뻔해서 나는 얼마나 친절한 글을 써야할지 알 수 없다. 실은 '내 글에 등장하는 몇 안 되는 너나 당신들만 이 글들을 읽고 이해할 수 있다면 뭐래도 좋을 텐데' 싶은 것이 내 솔직한 심정이다.

왜 그렇게 걔들한테 내 글을 못 읽혀서 안달이냐 하면 내 책을 가만 붙잡고 긴 시간을 들여 읽을 개네들을 생각만 해도 눈이 시리고 혀뿌리가 뻐근한 게 말로는 따로 설명할 수 없을 만큼 초조하고 울컥하기 때문이다. 누구 하나를 너무 오래 사랑하거나, 너무 많이 좋아하거나, 너무 깊이 미워하면 다 이렇게 되나, 나 말고 나 같은 사람이 또 있으면 만나서 뜨거운 블랙커피 한 잔 앞에 두고 다 식어서 맛대가리 없어질 때까지 오래 이야기나 해보고 싶다.

너무 내 얘기만 하는 것 같다고 운을 떼며 서운해하지 말라고 말하기에는 이미 너무 서운할 말들을 아무렇지도 않게 해서 면목이 없다. 그냥 지금보다 조금 덜 불행하고 조금 더 사랑하면서 유서를 쓰는 일이 지긋지긋하게 느껴질 만큼 지독하게 살라고 하는 게 내가 할 줄 아는 말들 중에 가장 나은 것들이다.

그나마 내가 할 수 있는 건 죽지도 않고 자꾸 조악한 문장들을 써내는 것, 위로는 함께 바닥 친 존재들만 할 수 있다는 눅눅한 사실을 일깨워주는 것, 당신들이 그저 자신의 안녕과 기호를 신경 쓰는 사람이 있다는 이유만으로 위로받을 수 있을 만큼 약해져있는 삶들이기를 바라는 것, 부끄럽게만 살다가 견딜 수 없어지는 날에는 오래 알고 지낸 사람과 점이나 보러 가자고 약속만 잡는 취미를 가진 별난 사람으로 죽는 것.

 이런 나도 살아서 숨을 쉬고 쉼 없이 종이를 낭비하는데 너라고 죽어야 할 건 다 뭐라니.

좀 더 아파도 되지 않을까
많이 좋아했잖아

이럴 거면, 저럴 거면 하고 입버릇처럼 말하면서 깨달은 건

미워하는 법만 배워서 조금씩 가장자리가 일어나는 꼴을 가만히 보고 있지 못하는 성질
매일 아침 뜨거운 물로 말라붙은 눈물 자국을 씻어내면서
사탕 코팅처럼 보기에 좋고 해롭고 날카롭게 부서지는 사람이 되자고 다짐하는 독기
희끗한 순진함이 가시지 않은 얼굴로
나는 아무 잘못도 없다고 시인하는 데에 천부적인 재능

너는 나처럼 되지 말라던 당신이 유독 처연하게 느껴졌던 건
내 사소한 것 하나까지도 당신과 너무 닮았기 때문이다

코앞에서 빛 무더기가 춤을 춰서
때 아닌 능소화 꽃가루가 날려서
손발이 자꾸 식어서
오한이 나서

도무지 글을 쓸 수가 없어요
두터운 옷을 챙겨 입고 밖으로 나가야겠군요

소설책 모서리의 구김살을 손으로 열심히 문질러본다
빌려 온 책이리서 다행이다
샀으면 버리고 싶었을 테니까

누군가의 손때가 묻은 물건들을 오래 보는 게 힘들어요
가령 당신이 아끼시던 만년필이나 오래된 책들
제가 선물한 보잘것없는 다이어리와
버리지 않고 모아둔 편지들

내 동거인은 주말이 되면 하루 종일 잠을 잔다
살았는지 죽었는지 알 수가 없어서
이따금 찡그리는 얼굴이나 느린 숨소리
구부리는 발가락에 주목하게 된다

쳐다봐서 미안
시체랑 같은 공간을 나눠 쓰기 싫거든
선잠이 드는 나는 밖에서 누가 쏘다니기만 해도 벌떡 일어나
아무리 둘이어도 혼자 같은데 외롭지 않으면 이상하지

혼자 깨어있는 새벽에는 헛소리를 들어줄 귀가 필요하다
무성의하게 던지는 말에 태클을 걸지 않을
선반 위의 플라스틱 물통[2] 같은 게 필요하다
있잖아, 나는 사실 한시라도 빨리 도망치고 싶어
이 악취가 내 몸에서 나오는 거면 어쩌지?

---

[2] 구병모, 아가미 중 인용「…그녀는 이를테면 눈앞의 곤을 사람이 아니라 상 위에 놓인 반투명 플라스틱 물통 정도의 사물로 간주하고 말하고 있었다. 그건 잘못된 일이며 그만둬야 한다고 말하지 않을 사람. 그러면서도 이해와 공감을 구할 필요 없이 어떤 이야기든 담아 봉인할 수 있는 상자와도 같은 존재.」

너는 속이 조금 좁은 것 같아. 그래서 남의 속을 들여다볼 여유가 없는 거지? 남의 속이 썩든지 말든지 그러다가 곪아 터져서 죽어버려도 그건 네 사정이 아니니까 하나도 관심이 없는 거지? 하긴 네 속은 썩어봤자 좁고 작아서 아픈 줄도 모르겠다. 그치? 너는 딱 보기에도 남의 심정 한번이라도 헤아리고 사려본 적 없을 것 같아. 그래서 방금까지 악을 쓰면서 울고불고했던 사람한테 놀러 가자는 소리를 잘도 하는 거지? 너 진짜 재밌는 애구나.

너 얼굴이 아까보다 어둡다.
내가 무섭니? 내가 내 할 말만 해서 그래?
혹시 불행해?

머릿속이 꽃밭인 애가 벌써 불행하면 어떡해.
나는 아직 못한 얘기가 더 많은데.

걱정하지 마
나 잘살게
라고 말하면서 죽는다는 것

좀 여미고 살아
칼바람에 벌어진 옷깃이나
상대 안 가리고 물어뜯기 좋아하는 네 입 같은 거

차라리 나를 혐오해, 경멸해, 멸시하고 조롱해
너는 태생부터가 글러 먹었으니 한낮에도 꿈 따위는 꾸지 말라고 해

당신들이 나를 그런 눈으로 쳐다보면
내가 함부로 죽을 수가 없잖아요

서툴게 감은 목도리에 숨이 턱턱 걸리면
이렇게 있다가 눈도 영영 감아버려야지

술김에 의지해서 할 수밖에 없는 말들이 있다
그걸 맨정신에도 아무렇지 않게 할 수 있었으면 좋겠어
나는 부끄러워서 귀가 끝까지 빨개지고 살기가 싫어

많이 마셔
그리고 울어

혀끝에 맺혀있는 말 때문에 어차피 지새울 밤이라면
같이 있자

아무에게나 전화를 걸어서
무거운 날씨라든가 변변찮았던 식사라든가
사사로운 것들을 나누다가
잠깐만, 나 조금 울 것 같아 하고
소리 죽여 눈물만 떨구는 일

우리는 우리 스스로가
너무 슬프거나 지쳐있지는 않은지 늘 경계해야 해
한숨 자고 나면 전부 괜찮아져 있다느니 하는 건
몸과 마음이 건강한 사람들에게나 해당되는 말이니까

슬프지 말자
나도 그럴게

끝말
그리고 당신의 애인

천오백 개가 넘는 독백들 중에서 비명이 아닌 것과 남들 앞에 내놓기에 부끄럽지 않을 것들만 골라냈더니 칠백여 개.

그것을 이백 페이지 남짓에 공평하게 나누어준다고 치면 페이지 당 차지하는 문장의 개수가 서너 개.

따지자면 하나의 페이지는 삼십오 퍼센트의 헛소리와 육십오 퍼센트의 권모술수로만 이루어지는군요.

저는 할 수 있는 말보다 하지 못한 말이 더 많아서 밤늦게 이런 문장들이나 짜깁고 앉아 있지만, 나와 당신들, 그리고 우리를 거치고 있거나 거쳐 지나갔을 수많은 서로의 사람들이 매일 밤 미지근하고 좋은 꿈을 꿀 수 있도록 바라는 것 정도는 어렵지 않게 할 수 있어요. 좋은 밤 되시라는 말이에요.

제가 당신을 기억하고 사랑하는 방식이 당신의 마음에 들었기를 바랍니다.

2018.11 태주

그리고 당신의 애인

1판 1쇄 2018년 12월 10일
1판 6쇄 2023년 05월 03일

지은이 태주
발행인 김서울
편집인 윤거울
펴낸곳 검은펜
등록번호 제2017-000055호
전자우편 knifeequalspen@gmail.com

ⓒ 2018 태주
ISBN 979-11-962010-3-6 (03810)